新加坡，原來如此！

李慧敏——著

一個成長在李光耀時代的
公民真心告白

目次

序一
歷史總令人神傷

馬來西亞南方大學學院中文系主任
威斯康辛大學東亞語言文學博士
蔡志禮

當我的目光在這本書的字裡行間穿梭時，一種難以言喻的奇異感覺油然而生。書中所描述的六、七〇年代舊事，那些早已風乾的童年記憶，又突然鮮活了過來。就像突然看見電視播放早期本地黑白歷史紀錄片一樣，那些人物與場景看似有些陌生，又是如此的熟悉。

我與作者多年前有過一面之緣後就沒再聯繫，在時光的流域中各自漂移，然而讀著此書時，我驚訝地發現彼此對島國的觀感竟有許多共鳴之處。

如果不是飲著這裡的水長大，如果腳下的根不是緊緊擁抱這片土地，如果欠缺敏銳的觸覺和獨立思考能力，任誰也寫不出這樣真實反映島國人心的作品。旅遊局的宣傳口號「非常新加坡」（Uniquely Singapore）是為本書量身訂做的形容詞。

縱使你對書中的一些說詞不以為然，但是你不得不佩服作者那片知識分子熾熱的良知，那股直抒胸臆的勇氣，以及把如此龐雜的問題梳理得有條不紊的功力。

對書中語言和教育問題的論述我特別關注。作者生動地形容本地早期的語言環境如「囉惹」，後來還攪拌成別具風味的南洋沙拉，但是被快速地整頓清理後，變成了沒什麼味道的西式沙拉。

對被放逐到社會邊緣的方言群，慧敏寄予了極大的同情。

作者感慨地說，她雖是「講華語運動」的受益者，但待丟掉了所有種種身分的負擔後，才赫然發現剩下的身分——華人和新加坡人的概念卻是如此模糊，而無論她口中說的華語和英語有多標準，在別人眼裡都不正宗。如此動人心魄的表白，怎不叫人震撼之餘，唏噓不已？

作者單刀直入地對島國語言政策和教育問題進行剖析。對偏激的語言和文化歧視，以及這些年來教育制度改革的許多謬誤（如精英崇拜、分流狂熱症和「長短腳」的雙語政策）的炮轟，她的火力常隨著凜然大義的增長，一次比一次猛烈。慧敏語重心長地說，儘管分流已成為歷史名詞，其模式「依然在教育體制裡陰魂不散，繼續流淌在我們的血液裡，留存在每一個新加坡人的精神裡」。

作者對南洋大學的描述也特別令人側目，沒料到這個比我年輕許多的作者，對這所在三十多年前飄搖的風雨中倒下的民辦大學，竟然有著如此深厚的感情。

作者也不放過對本地媒體窘境調侃的機會，她巧妙地把民間與本地媒體各自表述的反差，織成一幅對比強烈的圖案，讓讀者自行判斷。對非常務實的政府與遠離理想主義的人民之間的微妙關係，書中也有許多精闢的剖析，此處就不再贅述。此外，作者也從外人的瞳孔中，窺見島國人過度追求物質享受，導致精神生活的匱乏和夢想的流逝。

這本書像一面鏡子，在強烈陽光的照耀下，折射出部分島國人的感受，如果你不習慣閱讀亮度如此逼視雙眸的文字，閱讀時不妨戴上墨鏡。

這本書比勞民傷財的刻板民生民意調查更有深度與廣度，更有研究價值。

這本書比任何單音節枯燥歷史教材更生動有趣，更有人情味，也更能啟發反思。

這本書會讓即將隨著方言永久掩埋在赤道雨林中的老一輩方言群，在晚來風急的屋簷下感到絲絲的慰藉。

歷史是一面望後鏡，若不頻頻回顧，我們又如何往前進？

這本書記錄了半個世紀來島國人在政治、教育、經濟、文化等方面所經歷的風雨與哀樂，讓我們在回顧來時路神傷之餘，一起振作精神思考島國的未來。

序二
溫室嬌花還是鐵樹開花

文化歷史學者
陳　劍

新加坡經歷過上世紀五、六〇年代轟轟烈烈的反帝反殖運動，也走過冷戰熾熱時期意識形態激烈鬥爭的嚴酷過程。

建國之後，資源欠缺、地小人稠，國際國內嚴峻的形勢，致使新加坡執政者以威權治國，力求務實穩健立足。五十五年來（新加坡於一九五九年自治），新加坡歷經三代領導，人民從適應威權統治到要求更加民主開放。在當今世界民主大潮的衝擊下，一黨獨大持續執政的人民行動黨，終於要面對反對勢力的挑戰。

不管願意與否，民主、民生的各方面改革勢在必行，執政者如不順應民意的趨向，一人一票的民選制度將展現其力量。

自治建國時出生的新加坡國民，現在也都知天命。他們從李光耀的威權時代逐漸成長，成年後也逐步進入到李光耀的民主開放時代，有多少人了解這超過兩代人的思想情感、生活感受？

組屋建設的歷程是新加坡鄉村城鎮化的全部過程，這是世界讚譽不絕的解決屋荒、為民置房的偉大成就，然而期間鄉民們在社會轉型中遭遇的甜酸苦辣，新生代有多少人明瞭理解？又多少人心存感激？

還有經濟轉型、技術提升、國民服役、家庭計畫、限制人口、鼓勵生育、媒體管制、箝制言論、南大問題、方言政策、教育改革、移民問題等等，人們又有何感受？事後諸葛亮，你現在怎麼看？這都是饒有興趣、耐人尋味的話題。

成長在李光耀時代的一代人，會是什麼樣子的國民？你好奇吧？是具有理性，還是只會無厘頭胡鬧的一群？是前怕狼、後怕虎的懦夫，還是一切皆反的叛逆？這是頗讓人深思的課題！

這麼多年來，似乎沒見過有哪一位新加坡青年坐下來對新加坡的各方面做深入的思考，並潛心去好好寫成一本書，把成長的感受及潛藏於心的話公諸於世。這樣做，需要超乎一般的勇氣，除了多少會暴露個人成長的隱私外，最忌諱的還是擔心是否會冒犯什麼權貴或有關當局，特別是在長期處於或狀似處於言論禁錮狀態的新加坡。

慧敏果真是一位有膽識、有擔當的傳媒人，敢於述說個人成長的經歷、敢於評說成長過程中的各種遭遇和感受。

書裡不乏反映國家政治、經濟、社會、教育、語言、文化等政策對人民所帶來的照顧或傷害、改變或衝擊、順應或不適、感激或憤慨、歡樂或無奈，真是愛恨交聚。其娓娓道來似乎語調輕鬆，攀附在語尾的卻可能是沉重的心情或甩不掉的包袱。

本書特別關注的是年輕一代，或建國以來的中生代，即在李光耀時代成長的一代。書中闡述了他們的思想、情感和對新加坡社會情狀、人和事的感受和見解，是一本足供當政者細讀和參考的珍貴文本，也是年長一代了解年輕一代思想感情的一扇視窗，更是含著金湯匙出生的新生代了解上一代是如何走過來的時光隧道。對於新移民來說，那可是新加坡五十年來真實情狀的珍貴紀錄。

近三百頁的闡述和議論，涉及的範圍和課題深而廣。全書分成兩大部分：前一部分談論的是李光耀威權時代成長過程中的種種。這裡有略略帶過建國過程中前輩鬥爭的剪影、國家治理與精英政策的效應、教育變遷與語文政策（特別是禁用方言、華語運動實施後所產生意想不到的結果）、南洋大學關閉後遺留下來的問題、對民主的期望與對言論自由課題的討論等等。後一部分則是後李光耀時代的當前論述。特別著重二〇一一年大選的效應，以及接踵而來的種種變革。

當初稿到我手中時，我有點吃驚，這姑娘膽子恁大，竟敢捋虎鬚。慧敏畢竟有過媒體的訓練和素養，敢於闖蕩、生活遊走多國、見多識廣，筆鋒銳利卻也有理有節。

慧敏展現的是客家妹子的辣，慧秀其外，柔中帶剛。她以成長過程為經、以社會事件為緯，條理分明地解讀時代的印記。課題是嚴肅而沉重的，慧敏卻能以輕快而幽默的筆調，帶著調侃的語氣、反諷及嬉笑怒罵的方式，輕鬆地談論這些一不小心就要悶死人的話題，點睛處留下咀嚼的空間，讓人讀來興味盎然、回味無窮。

這就如其人，表面正兒八經、嚴肅而略帶冷酷表情，卻藏不住那一股調皮愛促狹的神情。這本書不失為一本具有紀實小說意味的長篇散文，有歷史的經絡，有敘事的韻味，具象的辛辣對話中帶出了活蹦亂跳的青年，這些都是十分貼心的內容，痛癢相關，作為新加坡人，一拿起這本書，你就不願意再放下。

是為序。

二〇一四年一月二十九日　除夕前夜

台灣版序

後李光耀時代的衝擊與挑戰

本書去年在新加坡出版，至今已有一年時間，現在很榮幸能推出繁體版與台灣讀者見面。

這一年來，新加坡發生了不少事情：一群青少年冒險爬上組屋頂層，在外牆塗上謾罵政府的汙言穢語、總理控告博客誹謗、執政黨對反對黨展開的連番攻勢、報章媒體對反對陣營鋪天蓋地的負面報導等等……讓人看了心情沮喪。

在網路媒體上呈現的又是另一番景象，線民們對各種政策以及部長、總理所說的任何一句話都批評嘲諷，躲在電腦螢幕後面猛力抨擊討伐，狂洩對政府的不滿情緒，與「主流」媒體上描述的太平天下形成兩個極端。

去年，台灣和香港相繼發生大規模學運，而台灣的九合一選舉也給整個社會帶來震盪。無論身處何處，大家都在思索自己要的是什麼樣的社會、什麼樣的制度。從不同地方的公民運動來看也會發現，每個地方人民的訴求和表達手法各有不同，而相較之下，新加坡民眾在跳脫出網路世界後，態度是冷靜得近乎沒有溫度。

現在我更加相信，新加坡的教育與政治制度以及整個社會氛圍，成功地培養出很多「理性」的人。有這麼大一群「理性」的公民，足以讓強勢政府在過去保持屹立不倒的地位，也讓豐衣足食的社會繼續享有繁榮與昌盛。

的確，建國後執政至今的人民行動黨在李光耀的帶領下發展神速，開國元老們的貢獻不可抹殺。跟很多地方相比，新加坡政府將國家治理得井井有條，以一個中產階級來說，在新加坡的生活還算舒適。然而，大家衣食無憂，人民將所有權力交託給政府，不干涉政府的決定，是否就是社會的最佳狀態？我們是否又該滿足於此？

過去和一些台灣朋友交流的時候，發現有些人會哀嘆台灣的不幸與不爭氣，由衷讚嘆新加坡的經濟成就。當然，也有不少友人不以為然，對台灣民主發展進程感到萬分驕傲與自豪。但縱觀歷史，我們不難發現民主制度有變質的可能，而當強勢政府的治理模式在成功造就了經濟奇蹟，並不斷被其他政府仿效，甚至形成強大理論體系抗衡其他制度，這恐怕未必是一個可喜的局面。

在香港媒體憂心經濟競爭力逐漸落後於新加坡，而台灣媒體也在探討如何超越新加坡的當下，大家都把焦點放在參考、學習所謂的「新加坡模式」上，卻往往忽略了在國家追逐經濟成就的過程中，整個新加坡社會和人民所做出的取捨和付出的代價。

目前，走入後李光耀時代的新加坡就跟世界上所有國家一樣，在經濟與政治發展上面臨獨立以來前所未有的挑戰。過去強勢的政策遇上當今全球化的複雜時代，弊端開始一一浮現，新加坡民眾的政治意識也正緩慢甦醒。這兩方面因素碰撞在一起會造成什麼樣的衝擊，大家無從知曉，只等著下一屆大選到來才可看到更清楚的輪廓。

新加坡是我的生長之地，對這裡的人與物懷抱著深厚的感情，我自然希望這裡永遠國泰民安。但是當我們以經濟發展和社會穩定為名，不斷追逐物質上的富足，而輕視、無視、擠壓其他方面的生存空間時，我的心裡難免感到失落與不安。

在此，我也希望台灣讀者能透過本書樸實的「平民敘事」更貼近了解新加坡，並以平常心看待新加坡的發展，同時思考台灣社會未來的走向。

二〇一五年三月十五日

前言

不一樣的新加坡故事

一提起新加坡，你會馬上想到什麼？

可能是歌手林俊傑或孫燕姿，可能是乾淨整潔的市容，也可能是口音怪怪的新加坡式英語和新加坡華語，又或者是這裡的嚴刑峻法：鞭刑、罰款、禁售口香糖之類的……，當然，少不了名字響噹噹的、我們所敬畏的李光耀先生。

李光耀是一個在新加坡政壇上叱吒風雲的人物。到目前為止，他在國家建設以及對人民生活上的影響力無遠弗屆。

李光耀在一九六五年新加坡脫離馬來西亞宣布獨立後成為第一任總理，直至一九九〇年宣布退位。退位時，他六十七歲，以一個經驗豐富的政治家來說，這個年紀並不算太老。他辭任的消息公布後，國際媒體都感到震驚，紛紛讚揚他急流勇退，說他絲毫不戀棧。

卸任後，他依然留在內閣，從未真正退出新加坡政治。他就像守護天使般，對國家大小事嚴格把關。

在不少西方學者和媒體的眼中，李光耀是可怕的獨裁統治者。在他們看來，新加坡是一個保母國家，是一座有死刑的迪士尼樂園。然而，在另一些人眼中，他卻是一位英明、有遠見的領導者，而他的治國模式更是不少國家希望學習的對象。

對普通新加坡人來說，李光耀又是什麼樣的形象呢？

小的時候，我和大人們常常坐在電視機前看著他發表演講或與各國元首開會，覺得他就像個神奇的人物。

長大後，我多數時候也是在電視上看到他。偶爾，自己和朋友們也會像過去的大人們那樣，在茶餘飯後評論他和他的政策。

如此這般，又過了許多年。

在二〇一三年八月九日國慶慶典上，我們看到年邁的他步履蹣跚，在旁人攙扶下出席慶典，還面帶笑容向大家揮手示意。

一九六五年新加坡建國以來，這個舉國歡騰的慶典他未曾缺席過。四十八年後的他，顯得如此蒼老虛弱，昔日的意氣風發已漸漸從他身上消逝。當他靜靜坐著觀看大家精心籌備的慶典，鏡頭前的他看起來慈眉善目，卻讓人感覺到他是如此孤寂。

這個人，真如西方媒體所批評的獨裁專制嗎？或者他是個一絲不苟到近乎武斷、偏執、神經緊繃的完美主義者？又或者，他是我們這些凡夫俗子無法真正了解的巨人？

李光耀本人或許並不在乎我們怎麼看待他，因為他曾說過，他不需要受人愛戴，而是要令人畏懼。

年事已高的他本應該含飴弄孫，或下下棋，或到海邊垂釣，過著悠閒悠哉的退休生活。但他卻似乎閒不下來，不時出版著作或言論集，分析國內國際形勢，或告誡新加坡人，或為自己過去的政策辯護。

或許，他其實很介意人們對他的歷史評價，所以希望釐清人們對他的誤解。

人，本是複雜多面的。一個人在我們眼裡是什麼形象，取決於從什麼角度來看他。相信不少新加坡人跟我一樣，對於李光耀，我們的心情是複雜的。我們可能不太能接受他的一些作風和曾經推行的政策，卻不得不感激他為我們建立了穩定繁榮的社會。

寫這本書，不是為了評論李光耀，也不是要論述所謂的新加坡模式，這類工作由學者冷靜分析更恰當。

這本書希望做到的，是從一個普通新加坡人的角度，通過夾敘夾議的方式，書寫在李光耀時代的成長經歷，為大家呈現的，是一個不一樣的「新加坡故事」。

這個故事沒有任何血淚，卻包含生活中的喜怒哀樂，希望能讓讀者從另一個角度了解新加坡這一路走來的發展歷程，同時思考國家的政策，以及未來的發展方向。

第一部分

1 呱呱落地

雖然我也姓李，但跟李光耀卻沒有任何親屬關係。

我來自廣東的祖父母，就如李光耀曾說的，都是不識字、無田無地的農民的後代，而我的父母也不是受過高等教育的白領階級。*

出生在一九六五年新加坡獨立以後的我，是在李光耀治國模式下成長的一代。雖然沒有經歷過戰爭、暴亂，但我也並非是嘴裡含著金或銀湯匙出生、要什麼有什麼、被慣壞的嬌貴富家女。

我出生時，新加坡剛建國獨立不久，可說跟我一樣正處在童年階段。不過，新加坡

*李光耀曾告訴鄧小平，中國很快就能追上新加坡，因為中國人很多都是「達官顯要、文人學士的後代」，而新加坡人則是「目不識丁、無田無地的農民的後裔」。見新加坡《聯合早報》出版《李光耀回憶錄一九六五—二〇〇〇》，第三十七章〈鄧小平時代〉。

就像是個神童，在旁人的指引下，也憑著自己聰慧的天資，在短短的時間內成功吸引外資、製造就業機會，在經濟上取得長足的發展。

當時，越南仍深陷戰爭的漩渦裡，中國大陸仍然身處「文革」內亂中，而東南亞各國也處在動盪中。這些都給了新加坡起步的優勢，加上李光耀領導的政府以神速的行政效率，在短時間內整頓了國家秩序，讓我們的經濟發展遙遙領先同區域各國。

李光耀經常回憶建國初期的艱辛，也不時向人們描述過去的社會動盪。他就像一個經常替子女未來操心不已的老爸一樣，成天擔心我們不懂得珍惜眼前的和平生活，不懂得感恩，永遠只會抱怨，也生怕我們這些不肖子孫很快地蝕了前人所累積的老本。

不過我想，也正因為建國初期多數人「目不識丁」，所以大家都把希望寄託在一個學識豐富的領導人身上。如果當時人人都是達官顯要、文人學士，各有不同的主見和主張，恐怕那時候的政治鬥爭會更加激烈。

「政府很厲害，凡事交給政府就行了」，這也是在我成長的風平浪靜的歲月裡，自小被灌輸的觀念。

記得我在念小學的時候，在英文教科書裡讀到一篇故事〈Father Knows Best〉（爸爸最清楚）。故事說的是一個小男孩約了其他朋友出海遊玩，卻遭到父親極力阻止。朋友們出發到海邊那天，小男孩關在房間裡賭氣。媽媽不斷在旁溫柔地勸說：「爸爸最清楚情況，他是為了你好才不讓你出去的。」

後來天氣突然急速轉變，被關在家的小男孩看著窗外風大雨大，開始感到不安。之後，他在電視新聞中得知那幾個朋友在掀起巨浪的海上遭遇不幸。

這時，小男孩才想起媽媽說的「爸爸最清楚情況，他是為了你好……」這句話，才意識到因為爸爸的神通廣大，自己的小命才被保住了，當下對父親多了一份敬意。

這個故事中沒有太多強烈的說教色彩，但篇章裡的人物和價值觀都折射出非常傳統的家長式管理思想——掌控權力的父親自始至終沒有向小男孩解釋不讓他外出的理由，而賢慧的媽媽也只是不斷地在一旁勸孩子聽爸爸的話。

故事裡的爸爸就像神人似的，最了解外頭的危險情況，而這也成了限制小男孩外出的理由。

我們的領導者李光耀不就像是課文中神人父親的形象嗎？

他非常有威嚴，也最清楚外面世界的情況。對於這種父親形象，大家是又怕又敬。

但是眼看大家的日子逐漸好轉，我們知道政府所做的一切，都是為了我們好。

2 牙牙學語

多麼神奇啊！儘管電視劇是以粵語播出，但大家都沒有了語言障礙。

一八一九年新加坡開埠後，迅速發展為一個重要的港口。各地的商人、勞工到此謀生，選擇在這裡安家落戶。當時人們所帶來的不同文化與語言，在這裡得到生存和延續的空間。

然而，建國至今，我們對語言和文化認同的認知，卻沒有因為時間的推移而逐漸清晰。迄今，這仍是一個剪不斷、理還亂的問題。

我是客家妹

建國初期，新加坡的語言環境五彩繽紛，華族的語言更可謂南腔北調紛繁雜陳。

我們華人的祖輩從不同地方來到這裡生活，當中有來自中國福建、廣東和廣西等南方省分的人口，他們帶來不同的風俗和飲食文化，也帶來各自的家鄉話。據悉，在新加坡這個小小的土地上，就曾出現多達十二種華族方言，其中包括福建話、潮州話、廣東話（粵語）、客家話、海南話、上海話等。

我的祖父母和外祖父母都是從廣東一帶南來的客家人，從我出生到進入小學，我第一個接觸的語言就是客家話，所以客家話應該說是我的母語。

雖然我小時候和親戚用客家話溝通，但鄰居和朋友都來自不同籍貫，所以在外更常聽到的是福建話和粵語。當時的我對人種完全沒有概念，那是我第一次了解到，人，原來除了分大人、小孩、男人、女人以外，還分客家人、福建人、廣東人等等。我就覺得奇怪，華人長得差不多，怎麼還分那麼多語言？世界真是複雜！

雖然當時的語言環境紛繁交錯，人們在溝通時，偶爾也會因語言不通而產生誤會，但大家也都能湊合著開心度過，甚至還能從與彼此的接觸中學到新的方言。

那時，我家裡裝了有線電台《麗的呼聲》，那是一個會發出聲音的小箱子，只須付月租就可以一天到晚開著它聽廣播節目。記得一位叔叔在向媽媽推銷小箱子時曾這麼說：「你可以一直開著它，出門時也不必關，一點也不耗電，小偷聽到家裡有聲音就不敢進你家了。」

那個年代，《麗的呼聲》播出很多方言節目，非常受老一輩的歡迎。媽媽在家的時候，總會扭開收聽節目，我也跟著一起聽，相信這也間接培養了我的聽力和理解能力。因為我發現在學校裡，有些同學雖然很用心，但總是沒辦法聽懂老師的指示，所以我猜我能聽懂，是小時候常聽《麗的呼聲》的關係。

《麗的呼聲》有一個粵語說書節目《李大傻講古》，那是招牌節目之一。李大傻說著武俠小說，用不同語氣裝出不同人物的說話方式，生動地描述各種打鬥場面。我雖然似懂非懂，卻也常被李大傻引人入勝的講故事方式吸引，想像著他所描述的世界，讓幻想陪伴我度過無數個百無聊賴的午後。

同時期，電視台也播映香港電視連續劇，從以前的粵語殘片，到一九八〇年代的《親情》、《家變》、《浮生六劫》、《變色龍》等電視連續劇，都非常深入民心。我也忠實地守在電視機前，關心著周潤發與鄭裕玲這對螢幕苦命鴛鴦的命運。

那時候香港的社會發展步伐跟新加坡差不多，而且同屬南方文化，電視上看到大家吃的東西、面對煩惱的事情，甚至罵人的方式都很相似，讓人感覺很親切。

當時，大家的娛樂節目不多，無論是廣東人、福建人、潮州人、還是客家人，每每一到連續劇播放的時間，都趕回家追看，街頭巷尾冷清一片。

多麼神奇啊！儘管電視劇是以粵語播出，但大家都沒有了語言障礙。隔天我還會看見媽媽和幾個鄰居聚在一起，大家交替著用不同方言討論著前一晚的劇情。

至於福建話，我從媒體上學到的不多，倒是從生活中接觸的比較多。我住的那座組屋同一層樓裡有一個角落單位，裡頭住著一家福建人。那位福建大嬸是做粗工的，脾氣壞得很，見到人總是一副凶巴巴的樣子，我們經常避開她，而她的破鑼嗓更是「遠近聞名」。

「夭壽仔，回來吃飯啦！」她探出窗外，中氣十足地對著在遊樂場上跟我們玩耍的兒子喊道。有時她還會很順口地嚷出一串串的「三字經」，讓四周幾座組屋迴盪著祖宗十八代男女生殖器官的尊稱。

每天耳濡目染之下，自己也學會了這些詞彙，而且可能是學到的最流利的福建話。後來，我有一次去台灣，在街上就聽到一個阿伯破口大罵那幾個我耳熟能詳的「尊稱」。旁邊的女生顯然也聽到了，瞪大眼睛好像被嚇壞了。非禮勿聽，我的台灣朋友忙蓋著我的耳朵，我卻感到很親切，原來我們所熟悉的髒話都是一樣的。

除了那位凶大嬸，我那層樓也住了另一戶福建人。這位福建阿姨友善多了，但很懶惰，經常要我幫忙到附近買點東西。

記得有一天早上，我待在家裡閒著沒事，想到家對面的遊樂場玩耍。這位阿姨看我準備下樓去，立刻把我叫住。

「阿妹啊，你下樓去是嗎？來，幫我買點東西。」她用福建話說。

也沒等我回答，她就趕緊拿了錢包，掏出幾塊錢塞到我手裡，然後繼續用福建話念了幾個字。

這是個非常生疏的詞彙，我認真聽著，看著她的嘴形，還是沒弄明白她要我買什麼。見我一臉困惑，於是比手畫腳跟我形容要買的東西，然後張開手掌，意思是要五個。

我還是似懂非懂，但臉皮太薄沒有多問（有些小孩也是很愛面子的），裝出像電視廣告上那些喝了魚肝油的聰明機靈小孩的樣子，向阿姨點頭表示知道該怎麼做了。

說到吃魚肝油，那幾乎是我周圍每個同學都討厭、卻是每天早上一定要吃的營養品。那時候新加坡的發展已經脫離第三世界窮國的狀況，但仍存在一些孩童營養不良的情況。為了讓大家健康成長，避免我們這些未來國家棟梁長大後成為病夫，學校推行免費牛奶供應計畫，每天分派不同口味的牛奶給學生在休息時間喝。

當時，電視上也經常打著廣告，告訴家長要孩子聰明活潑，就要每天給他們吃一大湯匙的魚肝油。就這樣，每天早上，父母之命難違，我們就在他們望子成龍、望女成鳳的期望下，一口吞下了那噁心的東西。

雖然後來商家推出鮮橙口味的魚肝油，但那也好不到哪裡去，因為打嗝時也一樣會嘗到那股可怕的腥味。真不明白為什麼有營養的東西都那麼難以下嚥。

言歸正傳。

正當我手裡捏著福建阿姨給我的幾塊錢，準備拔腿離開，腦子裡還回想著阿姨說話時的嘴形，反覆猜測她到底託我買什麼時，隔兩個單位的廣東大叔站在門口把我叫住。

唉，看來他也要我幫他買東西。

果然，嘴角叼根菸的他用粵語對我說：「就買這個，大的。」不須聽懂粵語，看到他指著手上某個牌子的香菸盒，也能明白他的意思。

我手裡又多了十塊錢，繼續往前走。這時經過海南人的家，我心裡「怦怦怦」地忐忑不安起來。當我看到大門深鎖，知道海南大媽不在家，我才鬆了一口氣。海南話對我來說完全像外來語，一點也聽不懂。要是連她也託我買東西，我的小腦袋根本無法負荷。

我「蹭蹭蹭」，先飛奔到有售賣香菸的雜貨店。店老闆是個戴著老花眼鏡、嘴裡總喜歡叼著根牙籤的潮州人。當然叼著牙籤的不一定都是潮州人，只不過這位大叔正好是潮州人，所以小時候總以為牙籤大叔都是潮州人。

在我耳裡，這位潮州老闆講的話聽起來有點像福建話，而且鼻音聽起來更重，音調高低起伏，讓人感覺他經常在唱戲曲。

老闆本來透過鼻梁上的眼鏡看報紙，聽見有人踱步進來，抬起頭把眼鏡壓低，看了看四周。一見是我，他便用潮州話笑著問：「客家妹，要買什麼？」

我指著櫃檯上擺著的香菸盒，用簡單的華語說：「我要一個。」那時才剛剛學量詞吧，什麼「粒」、「顆」、「條」總是搞不懂用法，老師好像也沒教過香菸應該用什麼量詞來形容，反正什麼都用「個」準沒錯。

老闆隨手從他身後的架子上抽了包香菸，然後用鼻音很重的華語開玩笑說：「客家妹，這麼小就學人抽菸啊。」聽起來也像在唱歌。

我沒搭腔，趕緊付了錢，給了他一個鬼臉，轉身跑到隔壁的咖啡店。我努力回想福建阿姨說話的嘴形和嗓音，終於得出一個結論：我猜她應該是要我幫忙買印度甩餅吧！

於是，我來到咖啡店的印度食品攤位，用蹩腳英語向印度攤主要了五片甩餅。滿頭大汗的攤主正忙著搓麵粉團，背後傳來收音機播放的印度音樂。他好像是跟著旋律搖頭晃腦地跟我說了一些話，我腦海裡浮現電視上播出的印度片中男女主角在公園裡搔首弄姿的畫面。

新加坡印度人的祖先主要來自印度南方，他們多數說的是淡米爾語（註：台灣譯作坦米爾語），寫的文字看起來像密密麻麻串連起來的草書，說的話聽來像永遠不會打結的繞口令。

我也常覺得印度人很有語言天分，雖然他們說起其他語言常帶有口音，但英語說得很流利，我還看過有些會說華語和福建話呢。

反過來，可能因為淡米爾語比較難學，又或者大家都覺得沒有必要也沒有學習的機會，所以能說這個語言的華人和馬來人少之又少。頂多是看過一些大人以「圓的不能拿」*模仿印度人說話的方式，而且還學得有模有樣，只是沒有一個印度人聽懂那是什麼意思。

「嘰哩咕嚕嘰哩咕嚕，ok？」回過神來，發現老闆嘰哩咕嚕地問了我一個問題。

我小時候英文聽力本來就不太行，再加上他講話時夾雜著濃濃的印度口音，認真聽了兩遍還沒明白，有些抓狂地想對他說「圓的真的不能拿？」但最後還是克制住，不然自己的小臉蛋被他像拋甩麵粉團一樣貼在爐子上亂翻，那可就沒命了。

幸好，旁邊有一位華人叔叔向我解釋，我才明白他是說顧客很多，問我能不能多等一下。

過了差不多半小時，攤主把拉扯得圓圓扁扁的甩餅用紙包了起來，再裝進塑膠袋裡遞過來給我。我把暖暖的塑膠袋捧在手裡，心滿意足地離開，心想福建阿姨一定會很感謝我，甚至還可能會給我一些零用錢作為獎賞呢。

我踏著輕鬆的步伐，走回我住的那座組屋，「趴趴趴」，一口氣爬上樓梯，終於來到我住的那層樓。

＊編按：東南亞的華人造出的句子，講得快時，聽起來像淡米爾語。

首先經過的是海南人的家，海南大媽家的門依然深鎖著。說不定他們全家到外頭吃海南雞飯去了。那也是我愛吃的菜肴，我最喜歡那滲出淡淡鮮雞香味的油飯，再配上滑嫩噴香的白斬雞和薑蒜茸，哇，真是人間美味……

那時已經接近午餐時間了吧，感覺有些餓了。不過媽媽不會做海南雞飯，午飯應該只是普通泰國白米飯和幾樣家常菜。

「你這死小孩真是好命啊，有得吃還嫌！把你送去非洲連地上的米粒都找不到，餓死你，你就知道！」我彷彿聽到媽媽這麼對我說。每次挑食或剩下一大碗飯，她都會這麼責備我。

是啊，雖然咱家境不富裕，但生長在獨立後的新加坡，除了在十多歲的時候曾為了減肥而選擇挨餓外，從未曾真正體驗過饑荒。雖然新加坡沒有農田，但我們總被告誡泰國農夫們「鋤禾日當午」的辛苦，因此憑著想像，我們知道盤中飧得來不易。所以啊，有米當思無米之苦，絕對不能浪費食物。

走沒幾步，我就來到廣東大叔的家。

他正在家裡聽著《麗的呼聲》播出的粵語節目，聽得出神，連我在他家門口站了一陣子也沒察覺。我敲了敲門，他才連忙起身走過來，從我手中接過香菸，開心地用粵語向我連聲道謝。那語氣和音調聽起來就跟他背後《麗的呼聲》箱子裡傳出的聲音一樣。

第一項任務完成，我鬆了一口氣。再經過兩戶人家，就是福建阿姨的家了。她坐在客廳沙發上發呆，見我站在門口，連忙走過來，用福建話問我為什麼去了那麼久。我奇怪她怎麼有這種反應，於是用華語回答了一句：「有很多人在買啊。」

福建阿姨聽了莫名其妙，疑惑地接過我手上的袋子，聞了聞裡頭裝著的東西，然後瞪大眼睛，用福建話驚呼一聲：

「唉呀！買錯啦！」

我刷地臉一紅，得到獎賞的希望破滅了，趕緊把找回的零錢還給她，然後「咻」一聲，一溜煙衝回家裡躲去。

那次以後，本以為福建阿姨不會再託我買東西了，但她還是經常懶得下樓。每當我經過她家，她還是會叫住我幫忙到店裡買點零食、麵包什麼的。

雖然她還是堅持用福建話跟我溝通，但有了上回的經驗教訓後，為了不重蹈覆轍，她嘗試用發音不準的華語重複物品的名稱，確保我聽懂後才讓我走。

這就是我人生頭十年的成長環境。它就像我們的街頭小吃囉惹（Rojak）一樣，把鳳梨、黃瓜、沙葛（註：豆薯，一種根莖類植物）、油條、豆卜（註：油豆腐）、蝦醬、花生碎等看起來毫不相干的食材丟進大碗裡亂攪一通，最後還是攪拌成一盤別具風味的南洋沙拉。

不過這種方言大雜燴的情況不久後就出現改變，我們的語言環境非常快速地被整頓清理，最後變得像沒什麼味道的西式沙拉。

3 華語、英語、*Singlish*

你做莫講醬的話？

一、講華語運動

按照李光耀的治國理念，要把一個沒有單一民族和身分認同的年輕國家建設好，統一民眾的語言就該成為一項重要的工程。他認為語言政策關乎一個國家的成敗，而統一華族語言是其中一個關鍵。為了改善不同籍貫的華族人民彼此間的交往，華語必須成為凝聚華族的必要手段。

這只是針對華族而言的。新加坡在獨立後，正式全面推行以英語為主、母語為輔的雙語教育政策，讓學生同時掌握英語和母語。按照他的認知，講方言的環境會讓學生學習華語時造成干擾，因此必須營造一個有利於講華語的環境。

於是針對新加坡華族人民的全國推廣講華語運動，在一九七九年展開了。

當時的「講華語運動」主題曲還是由台灣歌手黃鶯鶯演唱的。記得歌詞第一句就開宗明義指出，國家的進步和我們所使用的語言息息相關。清脆的歌聲、琅琅上口的旋律，簡單明瞭地說明了運動的目標：講方言將拖慢國家的發展，為了國家的未來、為了大局著想，大家少講方言多說華語；而為了孩子的將來，也請與他們講華語。

許多人說了一輩子的南方方言，霎時間成為被針對的洪水猛獸，成了拖慢國家發展的障礙。

為了給大家時間適應，政府沒有即刻禁止方言節目的播出，而是要求電台和電視台逐步減少方言廣播。

剛開始，大家的生活如常，或許心中仍存有一絲希望，期待政府能回心轉意。不過當期限開始迫近，大家也接受了鐵一般的事實，也知道鐵面無私的李光耀從來不跟大家開玩笑。

學校也開始極力配合。我本來高興地認為，隨著「講華語運動」的展開，我們就不必學英語了。可是我們的英文課還是照樣上，老師還是像往常一樣要大家講英語，在她的課堂上，誰要是說華語就會被罰，講方言更是不可饒恕。

一年一年過去了，那一天終於到來，李大傻的聲音也從《麗的呼聲》中消失了。守在小箱子旁的我有些難過，再也聽不到那位爺爺沙啞的聲音了，那箱子裡傳出來的呼聲已不再亮麗。

除了一些新聞時段可聽到方言外，其他方言節目一律被華語節目取代，也完全聽不到鄧麗君唱的福建歌曲「做人的媳婦要知道理」（註：歌名為〈祖母的話〉）了。

讓人不解的是，電台和電視台禁播方言，可是卻允許日語、泰語等我們完全聽不懂的他國語言在空中出現，可見在政府眼裡，方言的殺傷力強過外來語言的侵襲。

忘了是一九八三年還是八四年的某一天，我們守在電視機旁等著熟悉的港劇播出。那天，港劇按時登場，只見周潤發和鄭裕玲字正腔圓講著流利的華語，讓人感到不可思議。記得那時我更專注看著他們總是對不上的嘴形。

隔天，仍然看見媽媽和鄰居們在走廊上談論著前一晚的電視劇，但他們更多時候不是在討論劇情，而是在抱怨電視劇配音之後變得多不自然。

配音港劇播了幾集後，參加「走廊會議」的鄰居越來越少，大家也接受鄭裕玲講華語的不可逆轉的命運。

一些鄰居因為不習慣，又或許是不滿自己喜愛的方言被奪走，所以乾脆不看了。手頭較寬裕的鄰居則買了錄影機，去租錄影帶來看原汁原味的連續劇。託華語配音的福，住家附近的錄影帶出租店生意變得特別好。

過去，隔壁的廣東大叔在電視劇播出時都會留在家裡追看，但是當方言節目禁播後，他沒了娛樂。或許這個社會進步得太快了，他還沒來得及趕上變化的步伐，現在連講了一輩子的廣東話也從公共空間中消失了。

雖然「講華語運動」打著「華人講華語，合情又合理」的口號，但對不同籍貫的老一輩新加坡華人來說，華人講華語卻未必完全合乎情理。

後來廣東大叔常常在配音港劇播出的時候，獨自走到組屋樓下呆坐。他已不再託我幫忙買香菸，因為沒有方言節目作為消遣的他經常閒著沒事，喜歡到附近走動。有時會見到他和兩、三個同樣也是聽不慣華語配音的大叔大嬸們聚在一起，用香菸和啤酒填補空虛。

或許也只有和同樣被趕到社會邊緣的朋友們聚在一起時，他才能找到娛樂，找回自己的聲音和僅存的尊嚴。畢竟自己私底下講什麼語言，政府管不著。

就像李大傻的聲音有一天從空中消失一樣，聚集在組屋樓下的大叔大嬸們的聲音隨著歲月流逝，也變得越來越微弱。廣東大叔的同伴們有的搬遷，有的先走了，最後只剩他自己一人在樓下呆坐著，煢煢孑立，形影相弔。外頭世界瞬息萬變，他已跟不上，也無法理解。

後來我也搬了家，再也沒見到這位廣東大叔了。

二、語到用時方恨少

歲月飛快地過去，方言已經屬於過去式的年代，而儘管「講華語運動」年復一年地推行著，其地位卻在英語面前矮了一大截。

「講華語運動」推行幾年後，我驕傲地跟鄰居們說著流利的華語，已經很少聽到有人再叫我「客家妹」了。華人之間都用華語溝通，大家已經分不清誰是廣東大叔、福建大嬸了。

原本以為方言不會再有重見天日的時候，在一個偶然的時機，社會終於想起了這群講方言的老人們。

那是推廣「講華語運動」進行二十多年後。二〇〇二年，可怕的ＳＡＲＳ席捲全球，新加坡政府要大家做好嚴密的防控工作，用各種官方語言確保大家了解如何預防流感，可是最容易受病毒感染的高危群體，是根本不懂英語和華語的老一輩。

那時方言已經式微，沒有多少年輕醫務人員懂得使用方言與老一輩溝通。後來，當局好不容易找了幾個藝人臨時惡補，在電視上用方言講解ＳＡＲＳ的注意事項。

此外，每五年舉行一次的大選，也會讓人想起新加坡仍有講方言人口的存在。

說來也同樣很諷刺，方言空間已大幅縮小，可是到了這個時候，穿上人民行動黨制服的候選人，在群眾大會上都會不時以方言激情地演講，彷彿帶我們走進時光隧道，回到舊時代裡。

這種拜票方式在某些選區至今仍管用，不過歷史總在開人們的玩笑。現在執政黨的候選人幾乎都只會說英語，華語說得靈光的已占少數，而能講流利方言的更是鳳毛麟角。因此一些反對黨候選人亮出了「方言牌」，形象上更貼近民心，其群眾魅力不是一板一眼的執政黨候選人能比得上的。

李光耀在快達九十歲高齡時，回顧近三十五年前禁止方言的政策，仍堅持當初的立場。其實他也知道，為了這一政策，他與一整代講方言的華人樹敵。

儘管如此，也儘管目前有人呼籲讓廣播媒體重現方言節目，他還是很抗拒，仍堅持方言會干擾華文的學習，也認為一旦放寬條例，老一輩華人將開始和子孫用方言溝通。

這或許是多慮了。我看到的普遍情況是，朋友和親戚的小孩一出生就講英語，他們根本無法和祖父母溝通。如果方言解禁，能拉近兩、三代人之間的關係，不也是成就一樁美事嗎？但即使現在挽回方言，也為時已晚，經過徹底「消毒」的語言土壤已不適合方言生長，所以過去阿公阿婆用方言給孫兒講故事的親切畫面恐怕已不復見。

不可否認，統一華族語言的確有它的貢獻，運動的推行把我們的語言環境變得更單純，也讓我和其他華族的溝通方便多了。當整個語言環境後來變得簡單許多，我也不必再因為不懂主流的方言而覺得困擾。

在某個程度來說，我是「講華語運動」的受益者，但我後來卻把自己作為客家妹、華人、新加坡人這種多餘的身分，以及身邊出現的多種語言當成一種負擔。

現在丟掉了所有多餘的負擔，我才發現，剩下的身分——華人和新加坡人的概念卻是如此模糊，而我口中說出的華語和英語，無論說得多麼標準，在別人眼裡都不是最正宗的。

三、他們驕傲地說：「I can't speak Mandarin.」

語文問題一直是新加坡模式中最摸不著出路的迷宮。這個問題並沒有跟建國初期的就業、房屋問題一樣，隨著國家政策和經濟發展而在基本上獲得解決，它至今仍是個糾纏不清的爭議性課題。談論中文程度和人們對於這個語文的態度，總不會讓人覺得愉快。

在建國初期，李光耀認識到英文在政治與經濟上的重要性，於是把英語當作工作語言。在一九六五年新加坡脫離馬來西亞取得獨立後隔年，國家正式全面推行雙語教育政策，要求大家學習母語，以保留文化上的歸屬感，增強大家的自信和自尊。

後來到了一九七〇年代，由於國家重視英文，華校畢業生覓職困難，處處受到歧視，不少家長為了孩子的將來，都把子女送到英校就讀。因此，華校的生源減少，學校一所接一所關閉了。

我入學的時期幾乎已經沒有華英校之分，而是正式接受英校模式的「雙語教育」。

我們所謂的雙語並非兩種語言並重，非常陌生的英語成了我的第一語文，而華語則退居為第二語文的地位。除了華文課和道德公民課，其他科目一概以英語為教學媒介語。

那時，我的班上有四十多名學生，華族學生占多數，馬來族和印度族學生少於十人，甚至有幾年只有兩、三人。老師盡量不用華語為華族學生講課，有時候會對我們比手畫腳解釋，不得已才會說一兩句華語，所以那時很怕遇到異族老師，因為聽不懂的話，也必須嘗試理解。

英文詞語由二十六個字母串聯而成，看起來很容易掌握，但學起來就會發現這個語言很複雜。會有這種感覺，當然主要是因為我們對這個語言感到很陌生，必須從零學起；二來英文裡有很多時態、語態，就像百變金剛那樣經常變來變去，讓人難以捉摸！

你看，老師不是說一隻狗狗是dog，兩隻狗狗就要加一個「s」變成dogs嗎？可是為什麼當我把兩個男人寫成mans的時候，老師就在我的答案旁邊打了個叉？

不只如此，英文還分什麼過去式、進行式之類的，真是規矩多多，而且很多也是沒有道理可講的！

你看，老師說在動詞後面要加「ed」表示動作已完成，可是當我回答go（去）的過去式是goed的時候，我又錯了。原來答案是went。可是go和went根本長得完全不像啊，為什麼它們可以隨便認祖歸宗？

那時候同學們對英文都存有一些恐懼感，上英文課的時候也心驚膽戰，遇到不滿意的情況也不知道該怎樣用英文跟老師頂嘴。但是到了華文課，因為是我們熟悉的語言，而且老師也經常跟我們講故事，整個課堂的氣氛就活躍了起來。

雖然學校裡的華文老師更受小朋友們歡迎，但當我們看到這些英文不靈光的老師們在英文老師、甚至是在一些學生面前抬不起頭時，就知道只有把英文掌握好，我們的社會地位才能提高。

記得在一次週會上，一位華文老師在台上用發音不準的英文訓斥大家，結果他的話非但沒有讓學生們安靜下來，反而引來接連不斷的嘲笑聲。這位華文老師顏面盡失，快步走向後台，另一位英文老師見狀連忙接過話筒教訓大家的行為。

雖然英文難學，但大家完全沒有退路。就這樣大家上課、做作業、背段落，一點一滴地增加詞彙量，建立語感，也慢慢地適應以英語為主的學習環境。

可是，那些來自講英語家庭的學生，學習中文的態度卻往往不如我們學習英文那樣認真，而且我們常遇到一個怪現象：華文不好的學生總會嘲笑其他英文不好的同學。

在我以前碰過的這些同學當中，對華文存在著莫名的痛恨，不願意說也拒絕學習，還看輕所有華文能力比自己強的同學。有些更偏激的家長甚至因為孩子討厭學習華文，而舉家移民西方國家。

對此番怨言，教育部如何回應？教育部妥協了，於是將華文課程修改得更簡單，好迎合這些華文文盲的程度。

一直到了今天，那些只會說英語的華人仍會展現高人一等的姿態，有些人甚至以不會華文為傲。當你用華語跟他們交談時，他們會很客氣，但也會很驕傲地回應：「**Sorry, I can't speak Mandarin.**」（對不起，我不會說中文）。

接下來他們有可能問你：「Are you from China?」（你是中國來的？）有些人這麼問純粹出於好奇，沒有惡意，但尤其那些一句華文也不會、自以為是洋人的華人這麼問的時候，語氣中總是含有不屑的意味。

這些人往往來自社會中上階級講英語的家庭，他們對中國的印象不佳，也鄙視英文說不好的新加坡人，但他們從來不會為自己修讀了十多年的華文，連一句華語都說不清而認為自己笨，或為自己的無能感到羞愧。

我猜想，這些人是在用優越感掩飾自己在學習華文時所遇到的挫敗，也因為整個社會不重視華文，他們也順理成章，有充分的理由去看輕他人。

更有人理直氣壯地公開在報章上表明華語不是自己的母語。他們的邏輯是，從小自己開口講的是華族方言，華語是政府逼著大家認領的語言，現在華族方言已經被消滅了，自己慣用的英語就取而代之成了母語。

可是他們似乎沒意識到，無論是華語或任何一種華族方言，都有共同的書寫體系。現在他們認漢字都有困難了，甚至連自己的中文名字都寫不出，哪來的能力用漢字學習方言？不能不相信他們是無可救藥的無知文盲。

如果一些新加坡華人自認自己的母語是英語那也罷了，畢竟那是他們的選擇。你看那位在台灣發展的美國籍華裔歌手王力宏，不也表示英語是自己的母語？

選擇是自由的，但是拜託那些認英語為母語的新加坡華人，真真正正、完完全全、徹徹底底地把英文說好，而不是只知皮毛。同時，也希望這些人不要看輕人家的語言和文化，以及他人所做出的選擇，這樣或許大家還會對他們有多一些尊重。

現在適逢中國經濟騰飛、新加坡與中國加強經貿往來時期，新加坡華人的華文水平滑落的問題，讓李光耀開始感到非常擔憂，不時出版著作敘述他學習華文的經歷，以鼓勵其他新加坡華人把華文學好。

眾所周知，李光耀從小抗拒學習華文。他自小崇尚英國文化，學講了一口英女皇式的正規英語，到後期才開始學習華文。學習華文是他一生的挑戰，因此他常循循善誘，不厭其煩地和大家闡述他的華文苦旅，苦口婆心勸大家從小認真學習華文。

近些年也總會聽到周圍一些人的「懺悔」，說自己沒有在求學時認真上好華文課，以致今天無法掌握這個語言。其中一些原因可能是那些本來自以為洋人的傢伙，到西方國家留學時遇到身分認同上的衝擊，才有了一番覺悟。

當然，也有一部分人是因為中國崛起，後悔沒有在小時候好好學習，長大後意識到華文的價值，也看到中國在開放後，為了自己不懂華文導致競爭力被削弱，才老大徒傷悲。

如果有孩子的話，這些人會抓緊時機讓他們學好華文，害怕孩子將來在職場上因為失去競爭力而吃虧。但他們的動機是以功利為出發點，並非出於對文化的熱愛，萬一中國的發展並非大家想像中的順利，大家可能又要改而選擇其他語言來學習了。

四、難以承受的重

不過，並非所有新加坡人都有那種可惡的態度。其實更多的新加坡華人習慣以華語溝通，他們愛看台灣綜藝節目，也常聽華語流行歌曲，可是等到閱讀中文時，他們卻要舉白旗了。

這是相當普遍的現象，由於人們閱讀華文的能力欠佳，中文報章的銷量遠遠不及英文報，可是電台和電視台中文節目的收聽率卻遠遠超過英文節目。

對這部分新加坡人來說，華語毫無疑問的是自己的母語，他們也不會像把英文捧得高高在上的那批人那樣輕視華文，但由於學校裡只上那麼一科華文，他們掌握的詞彙有限，如果自己平時不進修，華文的閱讀表達和書寫能力都無法提升。

另外，新加坡的華文課程甚至教學方式都有必要改變，以使之更加生動、生活化。

每當提及華文教改，必定會引起廣泛的關注和情緒上的反彈，認為那是教育部進一步在削弱華文的地位。

不過我們也可以姑且認為過去的教育部官員們，其實也在想方設法提高學生對華文的學習興趣。只不過人家黔驢技窮，只懂得一味簡化教材來解決問題，讓人覺得他們在一些「假洋鬼子」家長的壓力下，在語文程度上又做出進一步妥協。有鑑於此，我們也不須大動肝火，傷了脾胃。

當然，光停留於自我安慰的層面無濟於事。我們不妨來看看在目前以英文為主的教育制度下，我們的華文教育所遇到的一些問題。

首先，我們必須接受的事實是，我們的華文程度遠不如中港台，卻又比洋人學習的初級水準來得深入一些。

在過去三十年的時間裡，在「學習漢語熱」未興起之前，新加坡的華文教育很難找到一個「夾在中間」的參照對象。

因此，過去教育部就參考以華文為母語的教學方式，並加以簡化和調整。但由於其教學法和思維仍然跳脫不開傳統語文的教學方式，將之移植到新加坡多語言、多文化的環境後，顯然沒有達到良好的學習效果。

按照觀察，小朋友年紀小的時候，對周遭的所有事物都感到好奇，未必會有「語言歧視」的想法。這種偏見很多時候是周圍的大人以及後來不愉快的學習經驗所造成的。枯燥的、與生活脫節的課本內容，恐怕很快就降低他們的學習興趣。一些學校甚至為了灌輸「傳統價值觀」，而讓學生背讀《三字經》、《弟子規》，我實在懷疑學生們的學習興趣有多大。

我並非在否定閱讀這些古籍的價值，但我也不是太能苟同這種激勵學生學習華文，或透過學習華文來灌輸「正確價值觀」的方式。

華文是富有生命力的語言，難道就只能透過「人之初，性本善」，才能讓學生掌握華文？學生連生活上常使用的詞彙都無法掌握，我們又何必讓他們學習幾千年前的古訓，讓學習華文變得如此沉重呢？

在學生連語文基礎、詞彙和語感都還未建立起來以前，要求他們背讀艱澀、古老甚至僵化的教條，不但不能灌輸「正確」觀念，而且只會過早扼殺學生對華文的學習興趣。

現在有越來越多外國人學習華文，其中不少是定居歐美國家的中國移民後裔。針對這些「夾在中間」的學生，新加坡應該有很豐富的經驗可以貢獻。

可惜，我們過去的教學設計過於循規蹈矩，也沒有非常具突破性的研究，所以沒能產生巨大的影響力。加上新加坡人華文水準低落的醜聲遠播，很難讓人相信我們的華文教學方式很成功。

最後要補充的一點是，儘管我們的雙語教育有不足之處，但我們也不能否定它的價值。

「多掌握一種語言，就是多打開一扇窗」，這聽起來像是陳腔濫調，卻也不是沒有道理的說法，因為能暢遊在兩個不同語文的文學世界裡，是精神上的一大享受。

就華人而言，我們學習到了中英文兩種當今相當重要的語文。在職場上比起只會說一種語文的對手，你就占了一些優勢。不過呢，當其他國家的求職者也開始掌握中英雙語，而且說得比我們好，我們的優勢恐怕會漸漸喪失。

其實，語言教育提供我們基礎的訓練，其餘的知識則必須靠自己日後去深化。對於那些因為學不來而放棄甚至歧視華文的學生，只能說他們失去了一些寶貴的東西。

五、偉大的Singlish

談到新加坡的語言課題，絕對不能不談**Singlish**！

我們的官方語言有四種：英語、華語（中文）、馬來語和淡米爾語（Tamil，印度南方語言），而我們的國語是馬來語。

不過真正把新加坡各個不同族群、不同種族宗教凝聚起來的，不是純正的英語，也不是國語馬來語，而是我們偉大的Singlish！

簡單來說，Singlish是一種以英語為基礎，混雜了新加坡中文、華族方言和馬來文詞彙的英語，就如加勒比地區的克里奧爾語和出現在巴布亞的皮欽語，以及舊上海帶有中國口音的「洋涇浜英語」。

在早期的新加坡社會，多數老一輩的新加坡人沒有真正學過英語，但卻需要以這個語言來溝通，於是將就使用了混雜式的英語。

現在，在任何公共場所裡，你都能聽到Singlish，一些在這裡居住較長時間的外國人，甚至還能說幾句地道的Singlish呢。

很多人常認為，只要加上lah、leh等句末語助詞就是Singlish了。社會語言學家雖然對這個語言現象做出不同的定義和解釋，但由於Singlish不是一個規範的語言，所以大家都有不同的說法。

按我個人的觀察，Singlish裡有一些被廣泛使用的詞彙，不過不同種族新加坡人所說的Singlish卻有些差別，馬來人和印度人的Singlish就跟華人的Singlish有些不同。華人說的Singlish受到南方語言習慣的影響，而且呈現出非常明顯的華文思維。

現在就舉幾個普遍聽到的例句吧！

- Why you lai (like) that?

翻譯：你為什麼這樣？
說明：說話的人懶得把like完整發音，所以念成lai。

- What he talking ah? I catch no ball!

翻譯：他在說什麼啊？我完全聽不懂！
說明：Catch no ball是直接從福建話「抓不到球」翻譯過來，表示沒抓到要點。

- Want go makan?

翻譯：要去吃飯嗎？
說明：Makan的意思是吃，是馬來語。

- Ask so much for what? So kaypoh!

翻譯：問那麼多做什麼？這麼多管閒事！
說明：Kaypoh是「雞婆」的福建話發音。

Singlish對新加坡人來說，已經成了很親切的溝通語言，甚至已經開始成為我們身分的代表，但是這也成了新的矛盾體。

有些人是因為懶惰而使用Singlish，畢竟說話時不必照顧文法，腦子裡出現什麼詞彙就信手拈來加在句子裡，但他們在正式場合還是能以正式的英語溝通。

有些人則真的是因為沒把英文掌握好，所以只會說Singlish，而他們踏出國門後，就沒有人聽得懂他們說的話了。再加上語言與思維緊密相連，因為中英文詞彙量不足，使得他們無法很好地表達更深層次的思想，也因此讓人覺得講Singlish的人都是膚淺的一群。

我們看電視新聞的時候，不是看過有民眾接受街頭訪問，無論他們以英語還是中文受訪，都經常回答得語無倫次嗎？

可能是這些受訪者面對鏡頭太緊張，變得思路不清吧。每個人都會有表達不清的時候，但是在這方面，新加坡人的問題比較嚴重。

再舉個例子：有一次我在巴士上，偷聽到一對來自中國的母子之間的爭執。十八歲的兒子因為不滿母親干涉他交友的自由，說了很多很難聽的話要刺激母親。

那位母親忍著淚水，壓低聲音一字一句地說：「你知道你在說什麼嗎？你知道你所說的話，每一句都在刺穿我的心，正在把我摔得粉身碎骨嗎？」

我坐在他們旁邊，假裝睡著，但其實很專注地聽著他們的對話。我很慶幸自己不常戴上耳機聽MP3，所以聽覺還算靈敏。

「我就是不喜歡你過問我的行蹤。我愛跟誰來往，你管不著。」兒子咬牙切齒地說道，語氣跩得很。

我知道這麼偷聽人家說話很不應該，而且這是一個家庭悲劇，但他們的對話內容很精彩，感覺就像在欣賞話劇一樣。

下了車之後，我腦海裡還重複著他們所說的話。

假設那是一對英國母子，這段對話會不會也像舞台劇？

美國母子說不定會說汙言穢語吧？

那麼新加坡母子呢？

「你做莫講醬的話？You know you say this way I am very hurt?」（你為什麼說這種話？你知道你這麼說很傷我的心嗎？）新加坡母親會這麼說吧，言語應該無法將她內心最深刻的情緒完好地表達出來。

「Ask you don’t care oredi, who I go out with, why you care so much?」（叫你不要管了，我跟誰出去，你管那麼多幹嘛？）兒子可能這麼回答，極力想表現得更叛逆一些。

感覺有點像新加坡導演梁智強的電影吧，人物有很多很複雜的情緒，但往往只能透過簡單的句子和誇張的表情和動作來表現。

政府因為擔心Singlish無法登上大雅之堂，一旦成了我們的強勢語言，將使我們失去與外界溝通的能力。為了避免語言悲劇的發生，政府又推行了一個新的語言運動——「講正確英語運動」！

十多年前，電視台製作了一部本土電視劇《Phua Chu Kang》（註：中文片名為《鬼馬家族》），裡頭塑造了一個名叫「潘厝港」（Phua Chu Kang）的建築承包商角色。受教育不高的他滿口新加坡式英語，形象深入民心，小孩也跟著模仿他說話的方式。或許這個形象有誇張的成分，但電視劇反映的是現實情況，在每個新加坡人的身上或多或少都能看到潘厝港的身影。

在《Phua Chu Kang》影響力逐漸擴大之下，政府開始擔憂，如果讓這種崇尚講不純正語言的風氣不斷擴散，必將導致不良後果。

前總理吳作棟就認為英語被新加坡人汙染了，戲謔地建議潘厝港去上英文課。雖然看似玩笑話，但大家都知道政府的立場是堅定的。

可是潘厝港如果講得像李光耀那樣流利純正的英女皇英語，潘厝港就不會是我們所熟悉的形象，而是一個距離我們很遙遠的怪胎，正如李光耀距離我們很遙遠一樣。

過不久，「講正確英語運動」推出了，不過活動推行力度遠不及當年的推廣講華語運動。我想這是因為除了正式場合，Singlish無處不在，要禁止人們採用他們所熟悉的語言，就等於要大家閉嘴不說話。

暫且不論Singlish有沒有價值，年輕新加坡人不肯放棄Singlish，一方面是詞窮、表達能力欠佳的問題，但另一方面也是對權威所採取的一種反抗方式，以保留自己的語言，抓住屬於自己的東西。

我其實也很想站在同樣的立場，為Singlish辯護。我也很想說，乾脆我們都提倡Singlish好了，因為那可是我們地地道道的新加坡特產。新加坡人說Singlish，那才是合情又合理，不是嗎？

但如果光以身分認同作為我們目前語言現象的合理解釋，那我們就看不到一個更大的問題。

的確，我們有英文水準很高的學生，他們多數來自良好的講英語家庭背景，本身的英文基礎就很強。但如果學生都必須聘請家教及來自講英語的背景，才能把英文掌握好，那麼請問學校的英語教育是不是形同虛設？

以我個人的語文學習經驗來看，我必須坦承，在一個欠缺強大母語的多語環境下，要同時把中英文兩種完全不同體系的語文同時掌握好，真的必須投入更多的時間和精力。但是又有哪一門知識是不勞而獲，不必靠自身的努力而得到的？

過去老一輩用摻雜式的英語，是因為他們沒有機會有系統地學習這個語言。然而，我這一代和更年輕的一代，都經過至少十年以英語為主的基礎教育，如果大家還不能把英文說好，無法寫出句子流暢的完整篇章，那其實不可原諒。

李光耀曾對美國哈佛大學學報上優美的語言感到讚嘆，認為新加坡人的英文達不到他們那樣的水準。然而，我們的教育體系以工具性為出發點，在這種大環境下，學生又怎麼會太在乎文字美感呢？而我們的整個社會對語言的要求，僅僅停留在溝通的層面上，不會強調如何把語音發得更標準一點，也不會強調應該如何把文字寫得更優美一些，缺乏對精緻文化內涵的追求。

所以Singlish雖然親切，非常具有新加坡特色，但它也相當粗糙。它的存在反映了我們的語言教育，甚至是整個教育體系所存在的一個嚴重缺陷。

4 十年樹木……

> 孩子不會，就要想辦法好好教他，而不是開一條簡單的路避開問題。

教育是幫助個人和社會脫離貧困的重要途徑，而人力資源更是國家發展的關鍵。新加坡政府非常清楚這點，因此一開始就在教育和人才培養方面進行大力投資，在普及教育和降低輟學率上推出細密嚴謹的策略。

成長在這個時期的小孩都很幸運，無論來自富裕家庭或貧窮家庭，人人都有上學的機會。不過，正因為處在國家教育制度發展的初期階段，我們這一代在某種意義上，也成為教育制度的試驗品。

現在，我們早脫離了貧困，有的人因為接受教育，找到了黃金屋和顏如玉，但有的人卻因為這個制度而受盡心靈創傷。

一、PAP幼稚園

政府為了提供幼稚教育給民眾，在組屋樓下設立大眾式的幼稚園，讓貧窮家庭的孩子也能有接受幼教的機會。

這些幼稚園就叫「人民行動黨幼稚園」。我跟其他新加坡小孩一樣，在六、七歲就開始穿上「PAP」的校服上學。我們從很小就認識那個紅色圓圈、藍色閃電的標誌，經常把「人民行動黨」等同於幼稚園，對這個黨徽感到熟悉，甚至還會驕傲地告訴大人們：「我們在PAP上課」。

雖然幼稚園的名稱帶有PAP，不過可能是怕小孩頑皮、容易把校服弄髒，我們的校服可不是全身白的。那時，男生穿的是白色上衣、淺藍色短褲，女生則穿白衣藍裙，再扣上一個紅色的領帶，大家看起來還算神氣。

每當有PAP的政要出現，到訪我們的組屋區，就會看到紅圓圈藍閃電的旗子隨處飛揚，好不壯觀、好不親切。在國會選舉期間，也會看到宣傳車掛著黨旗經過我們的住家。

對小孩子們來說，哪有閒工夫理會競選是怎麼一回事，只知道那面印上閃電的旗子是最貼近我們童年生活的符號。當帶著閃電的白色旗子在面前飄過，我們都會像看到可愛的明星一樣，興奮地喊道：PAP！

雖然學校沒有向我們灌輸什麼黨的理念，但閃電標誌無所不在，就知道我們的「Big Brother」老大哥無時無刻就在左右，伴著我們一同度過短暫愉快的幼稚園時光。

二、人分幾等

我從小就是個糊里糊塗的小孩，不是天資聰穎很受老師疼愛的那種小朋友。不只是英文字母，經常連數目字都弄不清，只知道老師在試卷上用紅筆寫下的數目越大越好。

在幼稚園裡，老師教我們學唱歌、學123還有ABC，有時還會出一些小測驗考考我們。這些小測驗的滿分為五十分，坐在我隔壁的同學都有本事拿下三十、四十分，而我的成績總是在十分以下。不過父母也沒怎麼著急，只是幼稚園嘛，有書念就好了，不一定要考第一。

記得那時是學期末，老師把成績單發給大家。從老師手上領過成績，發現這回滿分是四十分！而我竟然得了個三十八分。哎呀，差兩分就是滿分了！第一次突破十分還得了高分，我的心情就像范進中舉那樣異常興奮，迫不及待等著下課要把成績拿給媽媽看。

終於等到老師宣布下課，我衝出教室，看到媽媽站在教室門口，喜出望外將成績單遞給她說：「看，我拿到三十八分！」

媽媽看了看笑著說：「那個不是分數，是你在班上的名次。」我這才知道自己在班上考了倒數第三名的成績。唯一的安慰是，至少我不是最後一名，班上有兩個同學比我還差。

從那時起，我就對分數排名特別敏感。進入了小學後，學校每半年都會進行班級成績排名，這也成了同學之間相互競爭甚至相互嘲笑的依據。

學校是我們在家庭之後接觸的第一個社會空間，這個空間是社會的縮影，而從這個縮影裡，我們從小就清楚認識到人是分等級的。

在進入小學後，一個學年在懵懵懂懂中結束了。大家都順利升上二年級，但我發現我隔壁桌幾個要好的同學都跟我分到不同的班級去了。儘管心中有不捨，但我們還是必須向對方道別，各自迎接新的生活。

那時候A班是全年級最好的班級，最差的是E班，我被分到C班，慶幸還有兩班的學生比我還差。

到了三年級，我們必須參加一個「分流考試」，但還沒參加考試前，得先接受一項天才能力測試。

我記得天才測試的卷子上是一道道智商題，白紙上印著各種奇形怪狀的圖案，問著在我看來是莫名其妙的問題。例如，在這個圓圈之後，將輪到哪個圓圈出現？在我的認知裡，世界千奇百怪，哪來什麼規律？

這些測試是讓教育部甄別出一％最聰明資優的學生，以便把他們分配進入設有天才班的學校，集中為他們提供天才教師、天才教材和天才訓練。天才們有自己的世界，不可以跟我們這些平庸無奇的普羅大眾攪和在一起浪費時間。

我都在差不多要包尾的班級了，已經認命自己不是優秀學生，怎麼可能還有機會當天才？真是痴心妄想。不過班上沒有同學因為這項測試而轉學，看來學校過去按成績分班的作法已準確地將我們分類，好讓大家物以類聚。

把學校裡的少數天才抽去以後，不久就要進行三年級分流考試了。那又是另一種分類的工程，按成績識別學習能力最弱的那一群，把他們編排進入稱作「單語班」的延長課程，讓他們免修中文，專心學習英語和數理科目。

小時候的我對整個學制似懂非懂，父母也不知道這考試對孩子將來會有什麼影響，只聽老師緊張兮兮地勸我的父母多督促我念書，或為我請個家教，否則考不好會影響前途。我們當時生活拮据，老師的這番建議讓父母感到很困擾，而我也為著自己的不爭氣，內疚難過了許久。

在班上，老師也換了個策略激勵我們，以實際例子向我們說明小學三年級分流會考的重要性。

「你看看那些上延長班的學生，他們就是因為三年級考試不及格，所以留級，以後都進不了中學。你們要像他們那樣嗎？」

大家聽了異口同聲回答：「不要！」

老師指的是學校裡最老也是最低等的學生。他們都十三、十四歲，一般學生十二歲小學畢業升上中學，可是這些學長學姐們因為在分流考試中栽了跟頭，必須在小學裡念個沒完沒了。

這些學生也是學校裡品行最壞、最被師長瞧不起，也是被整個體制忽略的一群。除非成績非常優秀，否則儘管完成漫長的小學課程，他們也不會有升上中學的機會，而是被分配到技術學校上課。

我們都很害怕被編入延長課程，因為那不是被延長的童年，而是被延長的痛苦和羞辱。我知道自己沒有能力成為頂尖優秀學生，只希望神佛繼續保佑，讓我在中等的範圍裡，千萬不要墊底。

在我印象中，在整個中小學時代裡，我上學不是為了求知，而是為了應付分流考試，以避免自己被分了出去。

三、代代相傳的分流精神

告別小學若干年以後，我順利保留在體制內。也正因為學生從小學就有學習的壓力，所以催生了龐大的補習市場，讓我在念高中時有機會在課餘時間當家教，輕鬆賺取一些零用錢。

我在念高中的時候，教育部終於發現讓九歲孩子參加分流會考過於殘酷，於是做了小小的調整，把分流年級挪後一年，此外也取消了小學延長班制度。在這之後，小學裡就再也沒聽說過出現整班的問題少年，但偶爾還是有人在六年級考試中名落孫山而必須留級，不過那已是少數。

幸好教育部的政策調整沒有打擊補習市場，不然我的零用錢可要泡湯了。我向補習仲介註冊了個戶口後，不久就接到電話，問我有沒有興趣教一個年底要參加分流會考的四年級學生。

那家人住的不是政府組屋，而是花園洋房，不消說孩子的家境相當富裕。我一進門，打扮時髦的媽媽就用流利的英語歡迎我，而紮著兩個辮子的小女孩躲在媽媽後面羞怯地看著我。

那位媽媽從資料夾裡抽出一張紙遞給我看。那是女孩三年級年終會考的成績單影印本。我一看，心裡在「暗笑」：她所有成績跟我小時候一樣爛。

「她明年底要參加分流考試，去年請的補習老師教得不好，我把她辭退了。」

我專注聽著，一邊點頭，手心冒著冷汗。

「我希望她可以考進ＥＭ１。考不到就進ＥＭ２。總之就是不能進入ＥＭ３。」那是新的分流制度，聽起來好像醫生診斷病情後開的藥方。其實ＥＭ不過是English（英文）

和Mother Tongue（母語）的英文縮寫。

新加坡電影《小孩不笨》裡，就曾對分流制度對孩童身心造成的傷害做了一些描述。儘管影片中對制度的批評程度算是溫和，但卻引起大家對教育制度的反思，可見課題如此牽動人心。

這些ＥＭ１、２、３差別在哪兒呢？這裡簡單說一下。

進入ＥＭ１源流的學生因為夠聰明，所以能修讀母語為第一語言課程，ＥＭ２學生則以母語為第二語言。至於ＥＭ３的學生則被認為能力不足，無法兼顧兩種語言，因此必須專心學好英語，母語課程則以口語教學為主。這跟我念小學那個年代的「單語課程」差不多一回事。電影裡就把ＥＭ３的學生稱為「爛蘋果」，那是英文bad apple的直譯。

至於所謂母語為第一語文的「高級華文」課程，也僅是在名稱上帶給人的虛榮感，讓學生和家長有高人一等的假象罷了。說「假象」是因為與英文課程相比，母語教學在深度和廣度上無法與英文教學相提並論，與中港台的中文程度更是相距十萬八千里。

好啦，再回到剛才那個家庭。

女孩剛結束三年級課程，才剛剛放十二月學校假期，媽媽已經做好部署，要孩子利用整個月的假期準備新學年的課程，好讓她在開學前領先其他同學。

這位媽媽或許沒想到，別人的孩子在各方面已遙遙領先，自己的女兒各科成績都不佳，卻希望她考上精英班滿足自己的虛榮心，這不僅給自己壓力，也給孩子帶來壓力，實在有些不切實際。幸好她沒有過分期待她的孩子可以透過惡補考上天才班。

開始上課了。跟小孩閒聊了一下，發現原來她上幼稚園的時候，媽媽就給她請家教了，而且跟現在一樣，每個科目都有一位補習老師。

小小年紀的她嘆了口氣說，每次放學回家就是上補習課，生活很無趣。談起學校的同學，她的眼睛卻突然光芒四射，可是見我打開課本，就立刻無精打采，搞得我也開始昏昏欲睡。

看著她就想起小時候同樣無法專心聽課的自己。也不知道該說是幸運還是不幸運，由於當時家裡經濟條件不允許，所以父母只有請過一年的家教，其他時間我都是在看電視、讀漫畫書和發呆中度過的。

儘管時代變遷，唯一不變的是，我們都必須在小小年紀面對各種考試的壓力，不求當個人上人，而是要避免成為制度中最失敗的那一類學生。

那一年，每一堂的補習課裡，我都忙著勸女孩專心聽課，幫她出習題，應付功課、測驗、考試。如此過了緊張而沉悶的一年，女孩拿到了會考成績，被分配進入ＥＭ２。媽媽雖然有些失望，卻也鬆了口氣，至少不是被分配到最差的源流。

我看了看女孩的成績單，看她被分配到什麼班級，只見老師紅色的原子筆寫下醒目的大字：五年級C班。呵！跟我以前念的班級一樣，歷史正在不同的時代裡，在不同人的身上不厭其煩地重演著。

又若干年後，大家對學校過早給小孩進行分流會考，給孩子們貼上標籤的作法惡評如潮，教育部終於在二〇〇八年把EM1、EM2和EM3的分流方式更換了。

從我上小學的那個年代到EM1、2、3的時代，整個分流制度推行了整整二十五年，讓我們帶著不同的標籤成長。這過程中究竟造就了多少精英，摧毀了多少童真，沒人知道。

新加坡現在的青壯年，都是在過去三十年的分流教育制度下成長的一群。在過去的篩選、過濾、淘汰的過程中，不知道丟失了多少顆熱忱的心、犧牲了多少國家賴以發展的不同人才，而無法創造出更多元、更包容的環境。

但儘管EM1、2、3已經成為了歷史名詞，分流的模式依然在教育體制裡陰魂不散，繼續流淌在我們的血液裡，留存在每一個新加坡人的精神裡。

四、難以消退的分流狂熱症

新加坡的教育制度相當複雜，從小學到大學都分得很細，看起來體現了靈活多元的因材施教理念，允許學生們按照不同能力選擇升學道路。

這種分流方式最初的用意是為了減少輟學率，按能力將學生分班，這樣就可以避免他們因為成績落後他人，而輕易放棄學業。

取消小四分流後，教育部又設計了所謂的靈活制度，讓學校按照學生的能力對他們進行「科目分班」，讓對某科能力不強的學生上「基礎水準」課程，趕得上的則上「普通課程」。在我看來，這也不過是本質不變的變相分流。

小學畢業了，你以為分流就停止了嗎？不，還早著呢。

小學畢業考同樣按會考成績對升上初中的學生進行分流，由於後來取消了培養精英的「特別源流」，現在成績頂呱呱的就進入優秀學校四年制的「快捷源流」，中等的就被分配到普通學校的「快捷源流」，更遜色的那些則被編入五年制的「普通源流」，而普通源流還細分「學術」和「工藝」課程，那些書讀不好的「準文盲」就被編入後者。

教育界的袞袞諸公對分流的狂熱不止於此。在初中二年級，學生還必須按照能力和成績被分配到文科、純理科或是綜合理科源流。能夠進入純理科的多數是成績最優秀的學生，因此純理科又被認為是培養精英的課程。

整個分流制度也貫徹了新加坡模式一貫的思維：聰明人能得到最好的資源，獲得很好的栽培。最不聰明的那些，政府早已透過各種鑑別方式加以淘汰，替他們選擇該走的道路。而且這也應該是新加坡政府熱衷的思維方式，似乎非得要用很複雜的分類法把學生和國民分等級，才能進行管理。我懷疑，一旦沒有辦法區分，整個人才選拔體制甚至教育制度就會崩潰。

像剛才提到的，把學生歸類的用意原本是要因材施教，讓不同能力的學生按照能力學習。雖然這個教育舉措的出發點是好的，但是執行出來後，社會無可避免地戴上了有色眼鏡看待不同的源流，也間接造成社會的階級化。

更關鍵的是，一旦進入某個源流，日後想要轉換跑道的話，文科和綜合理科源流的學生選擇範圍就明顯受到局限。

初中和高中是讓學生們打下良好基礎，讓他們吸收不同方面的知識，是鼓勵他們對周遭事物感到好奇的階段。科系分流看起來是提早培養專才，但實際上卻是過早縮小學生們的知識面，讓他們的視野變得很狹隘。不少學生為了考取好成績，一般會避開較難考獲「特優」成績的文學科目，所以目前英文文學課程乏人問津。

經常聽到有人批評新加坡社會缺乏人文氣息，沒有廣度也未必有深度，這其實也是教育上的操之過急所致。

一位加拿大朋友原本對新加坡的教育制度讚賞有加，希望把孩子送到學費低廉的本地學校就讀，但仔細研究了整個學制的邏輯後，不認為自己的孩子能適應新加坡的教育環境。更重要的是，她不希望由學校來決定孩子該念「普通」還是「基礎」學科。

她告訴我：「孩子不會，就要想辦法好好教他，而不是開一條簡單的路避開問題。況且，這些選擇將影響他往後的升學道路，我那個頑皮不成熟的孩子一定會被分配到最糟糕的班級，我不希望他自卑地過完整個童年。」

我周圍一些朋友都當爸爸媽媽了，他們對教育制度也是批評不休。然而大家畢竟都是在同樣一個制度下成長，所以長大後仍忠誠地延續著我們教育的傳統，給孩子請家教，甚至向公司請假陪孩子複習考試。

他們到書店不是買課外讀物滿足孩子的求知欲，而是選購一本一本的輔助作業，抓緊時間讓孩子做課外作業。

「我也不想這樣給孩子壓力啊，可是制度如此，我們在制度裡就必須跟著規則跑。」傑森一臉憔悴地向我訴苦。他認為孩子如果不進入最好的中學，就得不到最好的資源。儘管教育部長安慰大家每所學校都是好學校，但他根本不相信。

「新加坡政府已經勸家長們別那麼為孩子的成績緊張，還說每間學校都能得到相同的資源。是不是你們這些家長一鬆懈下來就會無所適從？」我說。

「他們當官的當然說一套做一套。等部長們都不重視名校，都把孩子送到普通學校，我才真的相信所有學校都是平等的。」

5……百年樹人

我們把社會變得一元化後，卻又希望從外頭引進多元。

政府已認識到，在全球化時代裡，我們的教育制度必須不斷革新，才能培養出更多有能力面對未來挑戰的人才。然而，雖然學生們掌握了最新科技，但他們仍缺乏「批判性思維」。這究竟是為什麼呢？

讓我先從往事說起吧……

一、如果愛迪生是新加坡人

「如果愛迪生是新加坡人，他永遠不會有出頭日。」

這是我中學老師在考試前夕為我們進行複習課時，突然冒出的一句話。

我們都知道愛迪生在學校裡上課不專心，常被老師認為是笨學生。後來他小學沒畢業就輟學了。

「愛迪生考試不及格，被退學，他後來可以成為發明家，那是因為他在美國。那裡有很多不同的發展機會和出路讓他選擇。在新加坡，凡事看學業成績和大學文憑，你再聰明，但是沒有學歷，你就永遠也別想翻身！」老師口沫橫飛，賣力地勸勉著那些不做功課、無心向學，死到臨頭還不肯努力學習的學生。

班上同學沒有一個到過美國，大家對美國的認識都是從電視和電影裡得到的印象。對我們來說，美國是一個很自由、很美麗，但又很陌生的國家。聽了老師那番話，我們心裡感到很無奈。我們的父母連飛機都沒搭過，更別奢望自己到那麼遠的國度成為發明家了。

「萬般皆下品，唯有讀書高」，從小學到中學，在過關斬將經歷了好幾個分流考試後，我們也知道那位老師絕對不是在說笑。

這讓我想起以前一位跟我年齡相仿的鄰居。這個小男孩經常來找我們玩耍，有時候還會親手製作一些玩具逗我們開心。當父母買給我們的轉動式或者電動玩具壞了癱在地上一動也不動時，我們就會把玩具捧到他手中。

經過他雙手一修，嗖嗖三兩下，本來已判了死刑的玩具馬上復活。看著失而復得的玩具，我們臉上又綻放了燦爛笑容，而他也露出自豪神氣的表情。

老師從來也沒教過我們怎麼修理任何機器，我也不相信那個整天嫌我數學成績差的班主任做得到，因為每當班上的投影機壞了，她都會緊張得抓狂，急得要班上同學向隔壁班老師求救。我在想，鄰居在的話，肯定要把投影機拆了仔細研究一番。

當時我一直不明白他怎麼會有這個特殊的能力，但是他總是能把玩具一拆，眼睛一瞄，就發現問題所在。這應該是天分吧。我曾嘗試自己修理，模仿他的各種姿勢和神情，但怎麼也學不會。唯一學到的就是把東西拆開，卻不懂得如何將部件一一組裝回去。

後來他升上了六年級，照樣經常來找我們玩耍。不過到了年底全國小學六年級會考成績放榜那天，我看到他低著頭站在家門而不入。他母親在家裡用潮州話大聲責罵，憤怒的聲音傳遍整座組屋。我不大聽得懂，但母親告訴我，他的成績考得非常不好，上不了中學，丟了全家人的臉。

從那天起，他不再到我們家來玩了。後來學校開學時，我看見他仍穿著小學校服，拎著書包上學去。他臉上已經沒有了往日自信的笑容，在走廊上碰面也不再跟我們打招呼，經常躲在家裡埋頭苦讀。

那一年裡，我的幾個玩具壞了，再也沒人幫我修理，我心裡十分沮喪。

一年過去了，再一次看到他時，他穿上了一所名校的校服，看起來神氣十足。不過十四歲的他，眼神依然嚴肅，也不跟鄰居打招呼，總是背著沉重的書包揚長而去。

後來他搬家了，我再也沒有機會問他，到底他考了什麼樣的成績？我不明白為什麼一個那麼聰明、邏輯思維方面照理說比我還強很多倍的這位鄰居，怎麼只能當留級生，而不是愛迪生？

再提一個奇怪的現象。

李光耀乃至整個華社常常感嘆新加坡年輕人厭惡華文，無論課程怎麼改革，華文水準還是每況愈下。其實我不覺得奇怪，只覺得可笑。

過去按教育部的條例，不是你的華文成績，而是你其他科目的成績決定了你是否有資格修讀程度比較深的「高級華文」。

我的一個朋友向來不喜歡學習華文，但因為她其他科目成績優秀，所以有機會念這一科。記得她曾向我炫耀說自己念的是「高級華文」，說的時候特別強調「高級」二字。問她既然不喜歡上華文課，為什麼還選擇這一科？她說在初中忍一忍，有了這門課的分數，到了高中就可免修華文了。

可是在我過去接觸的那些被編入「放牛、放羊」班的同學當中，有不少是華文成績不俗的學生，但因為他們的英文基礎差，所以影響了其他科目的學習。在沒有良好家庭環境的培養下，他們的學業趕不上，最後被分配進入第三源流。

當大家在同聲哀嘆現在新加坡人華文水準奇差無比的時候，卻似乎沒有想到，過去在教育制度裡埋沒了多少「華文人才」。如果好好栽培的話，他們當中還可能出現以華文寫作的大作家。

記得我上五年級的時候，有一位名叫文忠的同學。文忠的華文成績不只是在班上、甚至在全校都是名列前茅的。在上作文課時，他是我們的活字典，我還經常抄襲他的文章。

文忠戴著一副厚厚的眼鏡，手上經常捧著一本厚厚的華文書籍。當我還在看《老夫子》漫畫，被方格裡的無厘頭笑話哄得呵呵笑時，他已經沉浸在金庸的武俠世界裡。

但他的英文成績差強人意。這不足為奇，那時候我念的是普通學校，大部分學生都住在學校附近的政府組屋區，多數人通常以方言或華語溝通。英語是個外來語，是許多學生從小掙扎學習的語言。

有一天，他當清潔工的父母被請到學校裡見班主任。班主任告訴他們必須加強兒子的英文能力，否則日後升學有困難。他的父母很操心他的成績，但都不會英文，對孩子的學業愛莫能助。當時已經到了快放學的時候，這對父母來到我們排隊的操場，聲淚俱下，哽咽地哀求同學們幫助他的孩子搞好英文。

大家目光聚焦在文忠和他爸媽身上，有些同學在一旁鄙夷竊笑，而文忠噙著淚水，拉著淚流滿面的父母離開。看著這一幕，我慶幸那不是我的父母，不必讓我在同學面前丟臉。但我心裡也在顫抖著，因為我的英文成績也不是很好。我很害怕班主任也打了電話給我父母，要他們到學校來。

自從他父母在學校嚎啕大哭的那一次起，文忠就變得很沉默。聽說他把家裡除了華文課本以外的所有華文書籍都丟到垃圾桶裡去了。

在往後的課餘閱讀時間裡，文忠手上捧著的不再是印上密密麻麻方塊字的書本，而是薄薄的英文圖書和一本厚厚的字典。他臉上不再露出閱讀時陶醉在小說世界裡愉快的神情。

現在大家都在討論如何改善制度，可惜不知道多少人的興趣和能力已經被抹殺，要在新時代重新開始創造適合讓中文生存的土壤，將是困難重重。

當然，我們也不能把所有責任完全歸咎於教育制度。愛迪生之所以能取得偉大成就，除了他自己的堅持之外，他母親以平常心把他接回家裡教導，讓他繼續在愛與關懷的環境下成長，也成為他追求夢想、成就事業的重要條件。

或許我的同學都缺少百折不撓的個人堅持，不過一個小學生對世界的認知受到生長環境所局限，如果沒有適當的家庭環境，怎麼可能會想到挑戰龐大的體制？

他們受教育程度不高的父母，哪裡學過什麼教育心理學，意識到必須保護孩子的小小心靈免受創傷？對這些父母來說，在新加坡社會裡，升學就是唯一讓孩子未來過上好日子的途徑，否則變得跟自己一樣目不識丁，只能成為不受人尊重的勞工。

他們和學校老師同樣跳脫不開制度，或許他們發現了孩子的與眾不同之處，但卻將之視為缺點，就如過去的左撇子那樣，認為那是需要被矯正的行為。

再談談愛迪生。如果愛迪生是新加坡人，你說他會被分到哪個源流？

在我的年代的話，他可能會被編入「單語延長班」，在小學裡混個八年都還沒畢業；晚十年出生，可能進入EM3成為「爛蘋果」；即使是今天沒有了分流制，他也可能會被分配進入最差、最不獲得學校重視的班級，跟其他「爛蘋果」共同腐爛。

即使他決定休學到社會上工作，但富有創業精神的他，也不太可能有太多發揮的舞台。

為什麼這麼說呢？愛迪生曾在火車上當報童，後來他還買了印刷機在列車上印刷報紙，負責寫稿、編輯和印刷的工作。他印刷的小報銷量不錯，收入足夠維持生計，得以讓他繼續從事化學實驗。這在新加坡不太可能發生，因為一開始他就會被警方盯上，別忘了印刷報紙可是需要准證的。

那麼，他可以設立新聞網站，按廣告收費啊。

對不起，按照二〇一三年最新條例，政府為了更妥善管理網路，如果你的新聞網站太受歡迎，那未必是一件好事，因為你必須取得執照，網站才能被批准繼續運作。

所以你說，如果愛迪生是新加坡人，他現在的命運會如何？

二、校園之旅

我以前到國外旅遊時有個習慣，幾乎每到一個地方，就喜歡到他們的大學校園裡參觀。

除了回味學生時代，也希望能感受一下學術氛圍，透過學府之旅，給自己增添一些人文氣質。

《哈利波特》裡小巫師們用餐的宏偉莊嚴食堂，是牛津大學基督學院食堂，踏進去就像回到中古世紀，感覺時間就凝固在那個時代裡。無論是英國、澳大利亞或中國大陸的大學，漫步在不同的大學校園裡，我常常會被這些學府散發出來的歷史和朝氣所吸引。

但是，不知道是不是因為天氣太熱，或者是建築太新的關係，我在新加坡各個大學校園裡遊蕩，總是尋覓不到在其他地方感受到的相同體驗。

我們的大學在亞洲甚至在國際的學術排名上，毫不遜色於其他擁有幾百年歷史的學校，所以走在校園裡自然希望感受一些頂尖大學的氣勢。當然，校園是不是旅遊景點對排名毫無幫助，對學生來說也不是一個值得介意的問題。

然而，一個國家乃至整個世界裡屬於頂級的大學，絕對不是一個普通的教育機構，而是各種文化、社會和政治思想的發源地，也是讓年輕學子提高人文素養和學術深度的自由空間。走在新加坡大學的校園裡，卻似乎感受不到這種包容和深沉。

我幾次在本地大學的校園裡閒逛，經常看到學生手上捧著一疊又一疊的影印講義和參考資料，聽到他們討論的是功課和考試，好像整個世界裡只有功課和考試。感覺上，大家到這裡來的目的就是單純地接受專業培訓。

記得有一年，曾在哈佛大學任教的國際知名文化學者李歐梵教授，到新加坡國立大學（簡稱國大）演講。那場演講在傍晚五、六點開始，我在演講前五分鐘進入冷氣講堂，輕易地找到了一個座位。

在踏進國大講堂之前，我看到一大批學生在附近聊天，或者看著手上一疊又一疊的影印資料，我心裡在想：難道除了功課，他們沒有其他興趣了嗎？

我懷疑這跟我們的教育制度中過早為學生進行科目分流有關，以致學生們從中學開始就只專注於自己所選修的科目，對其他知識欠缺興趣。

演講開始後，舒適的講堂仍有不少空位。我當時在想，演講以英語進行，文學系的學生都到哪裡去了？修讀中文系的學生對演講者應該不會感到陌生吧，可是到底有多少系裡的學生在場呢？

也許大家都認為這些演講意義不大，無須浪費時間聽講。但「路漫漫其修遠兮，吾將上下而求索」，青春歲月反正總會流逝，為何不涉獵更多方面的興趣，開拓視野，吸取更廣泛的知識？

這跟我在中國大學看到的情況形成很大的反差。當時同樣也是哈佛教授的杜維明到南京大學演講，我早半小時入場，場內已經座無虛席，甚至連站立的空間都擠不出來。我還發現，出席的學生不只是中文系，也有不少來自其他理工科系。難怪憂國憂民的李光耀總在感嘆，比起中國學生，新加坡的年輕人不夠「飢餓」。

當然，本地大學裡也是有一些求知欲高且富有社會責任感的優秀學生。不過，由於整體社會環境因素，這些學生恐怕很難發起新思潮，而參與或組織與主流政治或社會思想相悖的活動，更是會遇到巨大的阻礙。

大概兩年前，南洋理工大學有一群學生邀請某反對黨黨員到校園演講，當學生負責的校園學報準備刊登關於活動的報導時，校方卻要求學生撤下內容。學生雖然抗議學校的作法，但事情最後也不了了之。

新加坡的大學生也有自行發起運動的自由。同樣也是兩、三年前，新加坡國立大學就有學生發起一項「別害怕單獨用餐」運動。原來學校裡有不少已經進入成年階段的學生們害怕在食堂裡單獨用餐，有些寧願挨餓，也不願意讓他人看到可憐的自己沒人陪伴。於是有人發起這項運動，還穿著印上「我敢獨自用餐」字樣的T恤，單獨到食堂裡吃飯，希望大家別害怕一個人吃飯。

學生的舉動被媒體報導，不少人還讚揚這些大學生的勇氣。但我覺得這整件事雖然可喜，但也非常可笑又可悲。

可喜的原因就跟媒體的正面報導一樣，我們應該讚賞這些大學生們勇於改變校園風氣的精神。可笑的是，透過這個運動讓我們發現，原來這些已經成年的大學生，竟然還像長不大的小孩不敢一個人吃飯，而且只會隨波逐流。可悲的是，發起的運動不是解決更嚴重的貧富懸殊問題，不是關懷三餐溫飽都成問題的弱勢群體，而是安慰那些為了面子、有飯卻不敢吃的溫室小花們。

三、頂尖的批判性思考

當全球化腳步加劇，要在激烈競爭中脫穎而出，就需要更靈活的思維。新加坡政府發現所培養出來的國民創意思維如此匱乏之後，開始試圖力挽狂瀾，不斷鼓勵大家打破舊框架，並語重心長地呼籲大家要更具有開創性精神，否則將被浩大的全球化潮流吞沒。

顯然，政府看到了我們教育體制的不足，希望予以填補，可惜卻沒有更深入地去探究問題根源。

幾年前，對人文教育重視不高的新加坡政府，成功吸引美國常青藤盟校耶魯大學與新加坡國立大學攜手設立學院，提供四年制的跨學科通識教育（Liberal Arts education），希望使新加坡教育領域更加多元化，也希望培養精於批判性思考的社會棟梁。

政府和耶魯始終沒有透露合作細節，或所牽涉的款項。不過，我們從協定公開的部分得知，學院不能受政治干預，而名字必須先掛上耶魯的招牌，國大則尾隨在後。至於畢業證書則完全由國大頒發，與耶魯無關。

千辛萬苦邀請別人過來，接受人家開出的一堆條件後，人家美國學術界和耶魯的教授們還不情願呢。他們擔心學術自由在新加坡會受到局限，紛紛對這項合作表達強烈的不滿。

說來也很可笑，我們把社會變得一元化後，卻又希望從外頭引進多元。我們過去千方百計關閉了一所人民建立起來的學府*，現在卻想方設法，把人家過去幾百年在風霜雨雪中不斷壯大的民辦學校吸引過來。

儘管美國學術界吵翻了天，兩校的合作卻絲毫沒受到影響。不久，耶魯—國大學院順利開學了。報章做了報導，也採訪了新生們。不消說，報導內容好評如潮。照片中，來自世界各地的學生們對著鏡頭展現燦爛的笑容。他們應該已經準備好迎接一個與國大

*見本書第8章〈南洋大學〉。

其他學生不一樣的、近乎與世隔絕的校園生活了吧。

學院的教育素質之高，那是不容置疑的，但我不知道這批接受「另類教育」的學生們走出校園後，如果繼續留在新加坡，他們習得的「批判性思考」是否能有用武之地。

另一點想提的是，一個成功的教育中心不是應該以自己的教育品牌，以及令人嚮往的蓬勃多元城市生活作為賣點嗎？怎麼老打著別人的旗幟作為號召呢？恕我孤陋寡聞，我還未聽聞英國、美國或澳洲會以其他國家的學府作為吸引留學生的策略。

大學之間的合作，反映了教育全球化的趨勢，也是打造新加坡成為教育中心的策略之一。但是，在過去多所名校到此設立分校，最後卻必須打道回府的情況來看，我們很難肯定以政府作為幕後推手，將海外學府移植過來的作法會是一個很好的策略。

6 組屋生活，組屋夢

> 新加坡已經脫離了第三世界，而我的家庭也從第三世界水準走入了小康。

組屋是組合房屋的簡稱，由於是國家發展部署下建屋發展局所建，我們口頭上一般習慣把組屋稱作「ＨＤＢ」，也就是建屋局「Housing Development Board」的英文縮寫。

這裡簡單介紹一下組屋的分類。組屋最小的單位是一房式，最大的是雙層樓的公寓式單位，有些稱為「共管公寓」的建屋局項目，還附帶泳池、健身房等設施。

一房式並不是指一室一廳，一個客廳算一室，沒有其他房間；兩房式就是指一個房間、一個客廳；三房式是指兩個房間、一個客廳，以此類推。現在絕大多數新加坡人居住的是三房式以上的組屋，實用面積大約六十平方米（約十八坪）；四房式約八十到一百平方米（約二十四到三十坪）；而五房式則在一百平方米以上。

除非是大型組屋，否則一般組屋單位裡並不設陽台，我們都會把洗好的衣服、內衣褲掛在竹竿上晾出去。有國外朋友看到我們晾衣服的方式會很訝異，覺得把內衣褲晾在外頭有點不雅，好像在「掛國旗」。

我們都習慣這麼做，也不覺得有任何不妥，讓衣物在猛烈的陽光下晒一個下午就乾了，而且我很喜歡陽光照射在衣物上留下的特殊味道。

由於有八成以上的新加坡人住在組屋裡，組屋已經成了新加坡人生活和身分的一部分，我們的身分與記憶也與組屋相連，組屋也是我們所追求最基本的物質夢想。

一、木屋到組屋

二〇一一年大選投票日那天，我問鄰居大媽投了誰一票，她的回答是：「誰給我房子我就投誰。」

我當時聽了，愣了一下，怎麼兩代人對政府的看法竟然差那麼多。對我的父母輩以及更老一輩的新加坡人來說，雖然他們對李光耀領導的政府有很多牢騷，但或多或少對他和政府還是抱著感恩的心態。他們有些經歷日治時期，有些經歷國家獨立時的動盪，認為早期如果不是有一個強勢政府的帶領，也許一代又一代都還住在貧民窟裡。

小時候，我的家庭並不富裕，可說是生活在貧窮線上，就像獨立初期的新加坡一樣屬於第三世界。不只是我的家人，我的親戚們也都在不同的木屋區裡生活。應該說當時大部分貧困的新加坡人，都居住在簡陋的木屋和亞答屋裡。

在我的記憶裡，我們住的是一個用木板搭建成的小木屋，屋頂用鋅板覆蓋，遇到下大雨時還會漏水。記得那時候，一下起傾盆大雨，我們就會忙著找出大大小小的水桶、面盆放在漏水處裝雨水，很有屋漏偏逢連夜雨的感覺。

我當木屋小孩的日子也不長，因為政府為了國家建設需要，開始清除非法搭建的雜亂無章的房子，也興建了一座一座用鋼筋水泥蓋成的樓房，把一批一批的新加坡人遷入高樓裡。我們住的那一區也終於被迫搬遷，但那時候父母沒能力負擔得起一套組屋，只能搬進新鎮內的兩房式租賃組屋。

組屋的居住條件比起會漏水的木屋自然好得多，不過也有不少人剛開始非常不適應四堵牆，覺得生活空間變得狹小，有些人甚至拒絕遷出木屋。

那時候曾聽一些憤怒的大人說，政府為了徵地作為發展用途，哪一區要是有人拒絕搬遷，必定會遭遇火患。言下之意，是有人故意縱火迫遷。那應該是對政府不滿所說的氣話，我們無從考證。

在我小學的課本上就提到新加坡在一九六一年發生的一場大火，一夜之間把整個甘榜*夷為平地，造成一萬多人無家可歸，後來他們在政府安排下搬入了組屋。從那時起，政府就在短時間內，興建起一座一座組屋，解決人們的住屋問題。

*編按：甘榜，是馬來語kampung的音譯，意指鄉村。

二、安居樂業

對李光耀來說，公共住屋計畫不僅僅是為了替人們提供棲身之所，它也是一個政治工具。李光耀相信，如果人們擁有房子，就能對國家更有歸屬感，因此在一九六四年推出「居者有其屋」房屋政策，讓新加坡人都擁有自己的房子，也為創造一個中產階級社會定下目標。這樣，大家專心工作，過上好日子，也就不會整天躁動不安了。

這應該是放之四海皆準的道理，也應該是都市人們所能體會到的感受。在籌錢買房子以前，大家會希望房價越低越好，甚至可能希望發生一場股災，讓房地產價格狂跌。然而當大家已經置業，除非是投機分子，否則沒有多少人會希望社會出現動盪，而是希望生活越平穩越好，因為政治變動對擁有產業的人來說代價太大了。

搞好民生問題，讓大家吃飽穿暖，擁有房產，安居樂業，才能確保國泰民安。這一點，我們的開國元老們是最清楚不過的了。

聽長輩們說，那時候政府徵地的手段非常強硬，村民和地主雖然常常抗議，但最後還是敵不過政府的鐵腕。政府當時的作法近乎無情，但也因此解決了全民的住屋問題，讓我們這些一無所有的普通百姓能夠有一個安身之所。

就這樣，李光耀為新加坡人創造了組屋夢，我們也擺脫貧困，開始編織著我們的組屋夢。

當時對小小年紀的我來說，我們那二房式組屋的生活已算舒適，而且學校就在附近。

在組屋區內的學校都叫鄰里學校，這些都是給我們普通老百姓子女上的普通學校。那個年代的家長多數受教育程度不高，對學校的選擇也不太講究，認為每間學校都是一樣的，所以就把孩子送到家附近的學校就讀。

在租賃組屋裡住了五、六年之後，鄰居一個接一個買了房子，陸續搬走，整條走廊十多戶單位搬得只剩下一半。

我們到鄰居們的新家拜訪時，他們自豪地向我們介紹家裡的裝潢，帶我們參觀每個房間。當時已經進入中學時代的我，羨慕兒時玩伴都擁有自己的睡房，還可以按照自己的喜好布置房間，內心一直期待我們也能盡早擁有屬於自己的家，也讓我能擁有屬於自己的房間。

終於這一天到來了，政府要拆除我們住的那座租賃組屋，於是付了我們一筆搬家費。那筆錢在當時來說是不小的數目，而為了鼓勵我們買房子，政府也在經濟上提供其他幫助。當時，父母收到這份通知，為著能擁有自己的房產樂不可支。後來父母花了幾萬元新幣買了一套四房式組屋，單位裡共有三個房間，我總算實現了擁有自己房間的夢想。

我們搬進的那一區，原本相當荒蕪，但不到幾年時間，從無到有，慢慢地發展起來。我家附近後來增設了超市、菜市場、咖啡店、購物中心，後來還建了地鐵站，交通變得非常便利，不再是人們所認為的荒山野嶺了。

這時候的新加坡早已經脫離了第三世界，人們的生活素質也獲得提升。整個國家市容整潔，再也看不到凌亂的貧民窟。至於我的家庭，也從當初的第三世界水準慢慢走入了小康。

三、成也組屋，敗也組屋

李光耀和他的領導班子，之所以能在過去蟬聯執政，當然有各種因素促成，當中一個關鍵，就離不開安頓人民的房屋政策。

居者有其屋計畫推行至今，已經超過五十年的時間，我們的住房擁有率達到將近九〇%，是世界上最高的國家之一。在解決住屋荒的問題後，這項計畫已不僅僅停留在給大家提供棲身之所的階段，而是要為新加坡人建設更優質的家園，所以在房屋的設計和整個住宅區的策畫上更須花費心思。有些新組屋的設計甚至可以媲美私人公寓。

我們一直都相信政府會實現承諾，建造更多讓我們負擔得起的組屋，因為擁有自己的一套組屋，已成了完整的新加坡夢所不可或缺的部分。我們知道，只要我們好好念書，長大後有一天就一定能擁有屬於自己的家。

可是後來大家發現，組屋夢越來越遙不可及。過去十年來，由於經濟發展迅速，在打開門戶歡迎外來移民的同時，政府卻沒有加建組屋，導致組屋數量供不應求。房屋價格一漲再漲，大家心裡十分著急。居者仍能有其屋，但是這個夢想隨著國家經濟越來越發達，也變得越來越遙遠。

回想我父母的時代，在一九六〇至一九八〇年代，政府組屋售價以總建築費計算，主要是為了讓大家有個棲身之所，所以組屋售價相對便宜。但到後來，組屋價格受市場帶動不斷攀高，甚至還成為了投資工具，偏離了李光耀住屋政策的原有初衷，甚至嚴重變質。

過去幾年一直有分析師預測房價會下跌，但一年一年過去，房地產市場依然蓬勃，屢創新高，搞得大家心情緊張。

但我也發現「居者有其屋」論的謬誤：有了自己的房子，並不代表人們對新加坡就有歸屬感。這是因為既然把組屋商品化，房子就變成一個幫助人們套現獲利，或者把人套牢的東西，並不包含其他情感因素。

在二〇一一年大選和接下來的兩次補選後，執政的人民行動黨支持率下滑，讓政府感到迫切的危機感。

現在距離下一屆大選仍有一些時間，政府表現得非常積極，一次又一次地修改條例，推出各種降溫措施，出招打擊投機活動。相信政府深刻地了解到，新加坡人如果實現不了組屋夢，自己大概也將失去一黨獨大的執政夢想了吧。

然而，現在買賣組屋變得像趕赴考場那樣，經常必須惡補最新知識。在一輪緊接一輪的新條例出爐後，我看連房屋經紀都被搞糊塗了，因為他們好像身在雲裡霧裡那般，常會給我不同版本的條例規章。

7 待嫁女兒心

李爺爺的話在政治舞台上很有分量，但他對遲遲不結婚生子的剩女們，卻束手無策。

一、超級剩女

「剩女」是中國大陸對到了適婚年齡而遲遲未婚的女性所冠上的稱號，雖然也帶有嘲諷色彩，但比起過去人們稱的「老姑娘」、「老小姐」要優雅一些。

根據網上互動百科對「剩女」一詞的解釋：剩女是指高學歷、高收入、高年齡找不到理想歸宿的大齡女青年。她們對男人的要求是「寧缺毋濫」，可是，眼光一直高高在上的她們，最終不幸成了「剩女」。

互動百科上也給了那些大齡女青年一個新稱號，把她們稱為「3S女人」：Single（單身）、Seventies（大多數生於上世紀七〇年代）、Stuck（被卡住了）。

以上對剩女的定義大致上也適用於新加坡，但新加坡的剩女們是否都是「不幸」和

「被卡住」的一群，這一點可能情況有些不同。現在就讓我來談談，為什麼我們這些超級剩女總是在給政府出難題吧！

新加坡的生育率一直處於低谷水準，人們再不生，新加坡人恐怕要絕種了。又哄又騙，李光耀和執政精英們怎麼也無法解決剩女過多的問題。但在討論問題的當下，大家矛頭也不時指向政府，認為那是當年人口政策矯枉過正的結果。

上個世紀六〇、七〇年代是建國初期，當時由於國家人口過多，創造就業機會就成了一個艱鉅的任務。於是政府推行了「計畫生育政策」，並透過金錢獎勵和各種變相處罰等方式說服人民控制生育。所以我從小就被灌輸「兩個就夠了」的觀念，感覺人口對國家來說是個累贅。

不過官方並不認為當時的政策是造成目前生育率無法提高的原因。李光耀更表示生育率下降是全球趨勢，即使給人們再高的「嬰兒花紅」*獎勵，也扭轉不了這種不願婚嫁生子的情況。

但我想這也是機率的問題。到了一九七〇年代末和八〇年代，如果沒有繼續大力推行二胎化，嚴厲控制人口增長，每個家庭都生養三、四個小孩的話，那麼到了十多二十年後的今天，這些孩童都已成年，結婚人口基數也相應增加。

打個比方，當年在「兩個就夠了」的人口政策下，國家迎接了一百萬個小孩。假設當時推行的是「四個就夠了」，那麼國家就可能增加更多的小孩。二十年後，兩個不同的政策對人口增長的影響顯然會有差異。

到了一九九〇年代，新加坡成功控制了人口的增長，但也跟不少經濟發達的社會一樣，開始不斷出現剩女。這個現象讓政府擔心不已。

可惜啊，多年寒窗苦讀，課本上卻從來沒教導高學歷女性如何吸引男人。

後來，李光耀爺爺開始為剩女們提供建議。他苦口婆心勸適婚年齡女性不要太挑剔，催促她們早早找個男人嫁了，好多生幾個孩子。他說，女性最好早點找到對象，最好在求學的時候就開始找，這樣以後結婚的機率就更高一些，不怕沒人要。

同個時期，一項調查就發現，新加坡的單身男女幾乎都是工作狂，沒機會認識新朋友，社交圈子特別小。

發現問題所在之後，政府於是對症下藥，想方設法為娶不到老婆、嫁不出去的單身男女做媒。就這樣，官方紅娘組織社交發展署（SDU）以及社交俱樂部（SDS）成立了，一起扛下這項艱鉅的任務。

＊編按：正式名稱為「兒童培育共同儲蓄計畫」。為新加坡政府於二〇〇一年起，為減緩生育率下降、鼓勵夫妻生育、減輕照護子女經濟負擔而施行的獎勵計畫，內容包括政府現金贈禮與特別儲蓄戶口。

為什麼會有兩個官方紅娘呢？這種安排和當初李光耀的想法有異曲同工之妙。

李光耀曾經在一九八三年的一場群眾大會演講中，勸男性大學畢業生選擇女大學畢業生，而不是教育程度低和不夠聰明的女子為妻。這番話除了希望把高學歷的女性嫁出去外，其實也貫徹了李光耀的優生學觀點，認為一對優秀的父母能培養出優秀的後代。

然而，他的這番勸告非常不中聽，幾乎得罪了所有人。別忘了那個年代社會上沒有多少個大學生，高學歷男性不會因為他的話特地去物色女大學畢業生。那些成為焦點的高學歷未婚女性，也不會為他的話感到高興。

官方紅娘分為兩個不同組織，把擁有大學學歷的男女和非大學畢業生分開，這個作法未必是因為要落實優生學觀念，更大的原因是擔心把高學歷女性跟非大學學歷的女性放在一起的話，男人們都對後者趨之若鶩，最後女大學生又會落得個找不到歸宿的可憐下場。

儘管披著現代化的外衣，多數新加坡人表面上看起來很西化，但我們的社會仍相當傳統，無論男女都跳不出舊思想的框框。男性仍希望娶個學歷比自己低的賢妻良母，而女性也不願意下嫁，因此高學歷女性的擇偶範圍就被縮小了。

兩個不同的紅娘組織，除了舉辦各種社交活動讓年輕男女有機會多接觸外，也挖空心思拍攝廣告，在報章、電視、大街上的看板上大力宣傳，希望單身男女抓住機會認識新對象。不止如此，這個紅娘還想到另一個策略，呼籲已有對象的好心人為其他單身朋友做媒。

進行這麼多宣傳之後的結果如何呢？當然這當中有不少撮合佳偶的成功例子，但是這些無所不在的廣告也引起不少人的反感，更有人調侃，指SDU其實是「Single, Desperate, Ugly」（依然單身、痛苦絕望、其貌不揚）的縮寫。

對官方紅娘機構有了這種負面的印象，於是有不少人卻步了。因為害怕被視為是絕望的一群，所以他們都離這兩個組織遠遠的。

儘管費盡心思，不聽話的剩女們還是有增無減，情況繼續讓人擔憂。後來，政府看來是對剩女們徹底失望了，於是轉而大量引進新移民，試圖以此解決人口問題。可是此舉卻引起強烈的情緒反彈。

在二〇一一年一場李光耀與南洋理工大學的大學生對話會中，一位二十七歲的女博士就針對國家如何促進外來人口和本地社會的融入情況做出提問。李光耀重申了低生育率以及人口老化對社會所造成的危害，並為政府吸納外來移民的政策繼續做出解釋。

說完之後，話題並沒就此打住。緊接著，他反問女博士生的年齡、婚姻狀況、是否有男朋友等個人隱私的問題，引得全場哄堂大笑。

在場大學生的反應真是很奇怪，不去進一步追問一個即將影響到他們日後就業競爭的政策問題，反而把這位女生的個人選擇當成笑話來看。

儘管這是非常個人的問題，女博士生沒有必要當眾回應，但顯然她已尷尬得不知所措，只好乖乖地回答。

得到了答案後，李光耀就像慈父一樣，勸她別浪費時間，希望她早日找個男朋友結婚生子，因為孩子比博士學位更重要，更能帶給她滿足感。

不知道那位女博士生最後是否認同李光耀的說法，不過我覺得，早一點找對象和結婚生子兩者之間，未必有緊密的關聯。

究竟有多少人的結婚對象是學生時代的初戀情人呢？更多時候，不少人都是經歷了好幾段刻骨銘心的戀情後，才能找到最合意的那一個。況且，人各有志，到底孩子重要還是其他理想更重要，取決於個人的人生目標和價值觀。

國家出盡所有法寶了，剩女們還是晚婚，甚至不結婚，我想還有幾個方面的原因：

一來，新加坡的環境對單身女性來說，還真的沒有太多可以挑剔的地方。過去常聽大人說，女人需要婚姻，這樣以後有人來照顧你、保護你，人生才能有保障。

但是在治安良好的地方，把老公當成護花使者的觀念似乎不太能派得上用場。大家都受到法律和執法人員完善的保護，所以「找個人來保護你」這個說法說服力不足。

更何況新加坡男性比較溫文有禮，高大威猛型的猛男並不在多數，真有土匪恐怕也未必敵得過人家。

二來，在離婚率不斷上升的年代，婚姻是不是人生保障，讓不少人感到懷疑，所以還是在個人財務上做好規畫比較實際一些。

新加坡政府規定，單身公民要到三十五歲才能購買政府組屋。將年齡訂在三十五歲，應該是對那些過了這個年紀還保持單身的國民不再抱有任何希望了吧。

我身邊許多到了一定年齡卻仍然單身的朋友，似乎也放棄了尋找對象的想法，大家一過三十五歲門檻，便急急忙忙開始物色組屋。

畢竟買房買樓是一個可以憑自己的努力實現的夢想，而姻緣這等事還要拜託月老幫忙，麻煩得很。所以對大齡單身女性來說，除非找到真正喜歡的對象，否則憑自己的能力買下房子，過著逍遙的日子，要比找個老公更加實在。

相信這也是群體壓力所造成的。現在的單身者並不在少數，所以即使孤家寡人也不會覺得自己是個怪胎。然而當周圍單身的朋友一個一個都有了房產，這種心情就比出席朋友的婚禮更加焦慮許多倍。

再者，跟另一些東方社會例如中國大陸和韓國相比，新加坡單身者來自家庭的催婚壓力並不算太大。我曾經遇過一些中國朋友就是因為周圍的人都成家了，父母也不斷地催促，不斷安排相親做媒，結果承受了巨大的壓力。為了給家人一個交代，這些朋友經過幾次相親後，找到對象便匆匆結婚了。

過去新加坡家長也會給孩子施壓，但不斷催婚的情況已經很少聽聞。如果自己不急也不介意單身，基本上也沒人奈何得了。

為什麼不結婚，為什麼不生小孩，當然還有其他許多不同原因，包括許多夫婦常說的，生活壓力大，不願意再給自己增添更多煩惱等等……反正都有他們各自的原因和苦衷，這裡就不一一列舉了。

有一點讓人受不了的是，一些好心人常會勸告準剩女、剩女和超級剩女們不要太挑剔，說什麼「找到適合的就好了」。

每當聽到這句「不要太挑剔」就忍不住想問：「你以為選擇伴侶就像去菜市場買菜那樣嗎？你現在的枕邊人是不是像撿蘋果一樣隨便挑的？你看到爛蘋果還會選嗎？」

我發現，如果當著他們另一半面前問這個問題，他們往往會甜蜜地擁著另一半說：「他／她當然是我的最愛。」即使另一半不在，他們也不會向你承認現在的終身伴侶是自己委曲求全、閉著眼睛娶／嫁的對象。

唉！既然你選擇最愛的那個人與你共度一生，那憑什麼叫別人不要挑剔隨便找一個就好，難道就為了幫助國家刺激生育率製造幾個寶寶？

真是不解。

二、冰冷的告白

新加坡政府是由許多技術官僚組成的一個非常務實而理性的政府，有時甚至理性到你會懷疑他們右腦的感性思維是不是有缺陷。

我們常在電影或電視劇中看到這樣的情節：一對苦命小情侶非常恩愛，但是命運始終在捉弄著他們。要麼，就是其中一人患有重病，不然就是兩人被家人無情拆散。總之兩人都愛得很痛苦。

經過許多年，經歷幾番曲折後，這對俊男美女終於在天涯一方再次重逢。見到對方時，兩人感覺如初。帥哥於是下定決心，表示無論處在何種逆境，都要與伊人攜手共度一生。美女沉思良久，最後含著淚點頭答應。在雪花紛飛處，兩人不離不棄緊緊相擁。

啊，多淒美動人的畫面。

雖然知道「劇情如有雷同純屬巧合」，但這些煽情虛構的愛情故事，卻往往把我們這些觀眾感動得鼻涕眼淚直流，可見大家內心裡都會對浪漫存有一些不可救藥的幻想。

其實，結婚這等事不就是兩個人浪漫的、甚至帶有一點不理性成分的決定？

可是我們的政府官員和技術官僚們在向人們談論婚嫁課題時，總是眉頭深鎖，以冷靜到近乎沒有感情的語氣，還經常以一堆冷冰冰的數字和報告呼籲大家趕快結婚生子。

這是多麼沉重和冰冷的告白啊！這麼做簡直把婚姻的格調降級成叢林生存法則。當國家只把人們當成人口的一個數字，人們也會從務實和理性的角度跟你計較：我們若結婚生子，犧牲事業和自由，為國家做出貢獻，我們能得到什麼？政府能不能多給點補貼幫忙照顧孩子？這些要求接踵而來，把原本甜蜜的婚姻變成一種討價還價的交易。

依我的觀察，政府每次在公開場合中以長篇累牘呼籲人們結婚生子，效果應該不大。在我的朋友中，沒有一個是因為受到這番憂患意識的啟發而決定結婚的。建議官員們還是多看看愛情片，或是設法在街頭巷尾多營造一點浪漫氣氛吧，或許這還能讓大家有戀愛的感覺和結婚的衝動。

現在新加坡外來人口增加，來自世界各地的男男女女聚集在此，說不定也為新加坡人增加了選擇的對象。資料就顯示，異國通婚的比例明顯增加。

不過，想潑一潑冷水⋯⋯如果新加坡女性都嫁給外國郎，雖然剩女問題解決了，但她們都跟著人家跑了，到頭來對新加坡人口也沒有做出貢獻。唉，那也不過是空歡喜一場啊。

8 南洋大學

我對校園裡這座山寨牌坊的敬意蕩然無存。

一、說漏嘴的南大生

二〇一三年南洋理工大學的畢業典禮上，一位學生代表在致詞時出言不遜，指出「中文系的學生可能沒聽懂他用英文所發表的內容」。

此言一出，即刻引起譁然。他這番話不只得罪了在場的中文系學生，也在報章和網路上掀起熱烈的討論，並再一次勾起華社內心的傷痛。

這位年輕男生事後為自己的不當言論做出道歉，解釋這是無心之過。然而，他說漏嘴的這番話，正好說明了好些新加坡人至今所持的狹隘看法。

這個看法延續上一輩受英文教育者，對華校生所持的高人一等的觀念，也反映他們的既定印象：自己掌握不了雙語，能講華文的群體，英文也肯定不好。

這位人文系的畢業生或許並不知道，南洋理工大學的前身南洋大學，是千千萬萬個只懂得華文的那一代人所建立起來的學府。

二、傷痛

南洋理工大學校園的華裔館，和對面青草地上的亭子、牌坊和幾棵相思樹，也曾給過我那麼一點對歷史的幻想。

因為喜歡有歷史感的地方，南洋理工大學的古樸建築和周圍的綠色樹林，成了我選擇在那裡修讀碩士課程的其中一個原因。

南洋大學創校於一九五五年，是當年東南亞各地華人集資創辦的一所華文大學。過去一些華校高中學生畢業後會選擇遠赴中國深造，以完成大學教育。但是在一九四九年中華人民共和國成立後，這些畢業生的升學之路遇到了困難。

當時在反共政治氣候下，推行英文至上的英國殖民地政府對這批學生的升學之路漠不關心，商人陳六使於是倡議創辦華人大學。儘管得到了東南亞華人的熱烈回應，不過因為與殖民政府的政策格格不入，學校所頒發的學位一直不受到承認。

不僅如此，南洋大學建校後也一直被認為是受到共產主義滲透的機構。此外，因不滿政府的不公平對待，學生不時組織對抗行動，因此學校長時間被視為是培養滋事分子的溫床。

然而，對當時不少慷慨捐款的民眾來說，籌辦學校的目的很單純，只是為了讓華人子弟保存自己的文化身分，也為了讓下一代接受教育。那些慷慨解囊者來自各個階層，包括富商、三輪車夫、割膠工人、小販、吧女等，甚至還有千多名三輪車夫「義踏」、舞女「義舞」，餓著肚子為學校籌款。

過去在看到這樣一段敘述的時候，總是以抽離的心態來看待，就好像在電視上看著別人的故事一樣，認為這一切與自己無關。

後來意識到這些「三輪車夫、割膠工人、小販、吧女」，不都是我們的上一輩？他們當中可能有你我的祖父母、父母、大伯、大嬸等親戚們，而不是來自另一個世界、在其他地方完全與我們無關的販夫走卒。

我們許多人的祖父母輩都可能是目不識丁人群中的一員，也根本沒機會體驗讀書的樂趣。即使大學建成了，他們也不可能有機會踏入這個教育殿堂接受教育。可是他們卻願意把辛苦積攢的錢慷慨捐獻出來。他們這麼做，難道是為了宣揚某個政治理念，希望「赤化」整個東南亞？

我猛然發現，他們這麼做，不就是為了我們，包括你我這一代又一代的子子孫孫嗎？他們留下的有形和無形的文化資產，不就是因為希望我們能繼續緊緊聯繫母族文化，希望我們有機會接受大學教育擺脫貧窮，站在更高的高度上昂首挺胸面對未來嗎？

那種濃烈的情懷，那種質樸的情感，如此壯觀、如此純粹，讓人為之動容。

一直到了一九六八年，南洋大學的學位才終於獲得政府承認，不過好景不常。在一九八〇年，學校創辦了二十五年後，李光耀因為南大學生英文不好，擔心畢業生找工作有困難，於是宣布將南大與新加坡大學合併為新加坡國立大學。

南洋大學關閉至今已有三十多年，但對畢業生來說，這是一道已被遺忘、卻一直無法癒合的傷口。

想到此，我心中湧起一陣哀傷的情緒，感激祖輩們為我們付出的心力，也為那已消逝的精神和無法流傳下來的文化資產深深哀悼。

三、南洋大學和林語堂

我是在中國大陸念書的時候，才知道原來南洋大學和林語堂之間有過一段恩怨。那時，我已在上《中國現代文學史》這門課。老師在課堂上對創作《京華煙雲》、並將英文「humour」譯為「幽默」的中國現代著名學者林語堂做了介紹。

「林語堂在文壇上很有名，他在美國時用英文寫了一本介紹中國文化的書《吾國與吾民》，被認為是一本賣國的書……」同學們笑了起來。

老師應該加上一點，或許可以哄同學們笑得更開心些：那本著作的英文名是《My

Country and My People》，曾被一些人翻譯成《賣國與賣民》。

「他在東南亞一帶的名聲也很臭。」老師照著手上的資料繼續說，同學們覺得很滑稽，繼續開懷大笑。

「他當時被聘為南洋大學的第一任校長，向學校要求了多少多少薪水……」她說了一個數目字，大家齊聲「哇」了起來。

「……後來他領了一大筆錢回去美國……」老師繼續敘述所發生的事，課堂裡繼續充滿著年輕的笑聲。

我猜想班上同學的生活一定很苦悶，這種事情竟然可以讓他們笑成那樣。這堂課如果是在新加坡進行，學生們會有什麼樣的反應？是笑、是哭，還是無感呢？

雖然我的生活也一樣很無趣，但我當時不知道該不該跟著笑，只覺得耳根有點發燙。

想不到竟然有如此荒謬的事，怎麼這所大學那麼命苦，不但被國家歧視，連文學大師也在欺負它？但我對老師講的內容半信半疑，於是查找了一些背景資料。

話說，南洋大學創立之後，學校開始物色適合人選擔任創校第一任校長，而且希望找一個全球聲譽卓越的傑出華人掌舵。可見當時大家雄心萬丈，立志要創辦的絕對不是一所平庸的大學。

執行委員會聯絡了一些人選，包括生物學權威林可勝博士（他是新加坡土生華人，教育家林文慶長子）、前清華大學校長梅貽琦博士，以及胡適博士，不過都未能得到他們的回覆。

後來，執委會與林語堂聯絡上了。經過多次洽談，林語堂接受了聘書，並於一九五四年十月接任南洋大學校長一職。

當時出任聯合國教科文組織美術與文學主任的林語堂表示，希望建立一所不受政治影響、教授擁有思想自由的一流大學，執委會也認同這一方向。在接手新任務後，林語堂攜全家妻小抵達新加坡，還雇用了他們在學校裡擔任重要職位。

然而不過半年時間，執委會與林語堂之間就在學校建築和經費上出現了意見分歧。雙方僵持不下，在吵吵嚷嚷了一陣後，大學還未開學，林語堂就連同另十一位教職員領取了三十多萬新幣（相當於今天約一百多萬美元）的遣散費離開了南大。為了避免浪費學校的基金，這筆費用完全由陳六使獨自承擔。

聲名狼藉的林語堂回到美國後，撰文稱自己被迫辭職，還指出共產黨滲透和毀掉了南洋大學。關於他浪費經費的指責，他解釋那是因為某些建築在設計上不理想，因此希望重建。在文中，他也不客氣地形容陳六使是一個老粗，還透露富商李光前進行不光彩的鬼祟勾當。

剛開始我也對他在南洋大學謀私利的「醜言惡行」感到反感，認為他虧欠我們祖父母輩們對他的期待，而且覺得他回到美國就不應該再撰文抨擊，甚至應該分文不取而離去，這樣或許還能得到大家的尊敬。

但是雙方各執一詞，也可能是因為溝通不良所致，因此在辦校理念上有分歧而引起衝突和誤會，也不是不可能的事。又或許林語堂對當時南洋華人的處境不甚了解，更說不上有深厚的感情，因此無法深刻體會人們對這所大學所寄予的期望。

有學者也為林語堂辯解，說他放棄美國的優裕生活應聘到來，「如果林語堂到新加坡後的生活條件像一般論述裡所說的高人一等，那也是南大執委會對他的禮遇」*。

有一些網路上的評論文章則非常有意思，不少在指責林語堂的過錯，也有人認為，南洋大學要是換作是一所美國、中國或台灣的大學，林語堂可能不敢如此囂張。

四、走入歷史的南大

儘管「林語堂事件」鬧得滿城風雨，但在匆忙籌備後，學校終究安然度過開學危

*在二〇〇四年六月二十四日，何啟良博士南洋理工大學中華語言文化中心舉辦的「國家疆界與文化圖像」國際會議南洋大學研究工作坊上，以「南洋大學史上的林語堂」為題，重新解釋南洋大學與林語堂之間的糾紛，並為林語堂平反。

機。南大在接下來二十多年的歷史中，培養了一萬兩千多名畢業生。

然而，到了一九八〇年，也就是推廣講華語運動隔年，南大與新加坡大學宣布合併，成為以英文為教學媒介的新加坡國立大學（國大）的一個工程學院——南洋理工學院。

記得那一年，我才剛進入小學，不明白怎麼政府一方面要大家講華語，要讓華語成為凝聚華族的語言，要讓華族找回自尊和自信，另一方面卻關閉了這所按他自己的話說，是一所弘揚華族文化的大學？

當時中國大陸「文革」已結束，而鄧小平也在前兩年到訪新加坡。我們或許會認為，基於新中關係友好，政府又大力推行講華語運動，國家應該更加重視華文以及華校生才對。但實際情況並非如此。

當然，要關閉南大，華社提出反對意見也提供建議，可惜都未被採納。南大最終黯然走入歷史，而新加坡的華文教育更不可逆轉地走向了沒落。

同樣讓我不解的是，學校合併後，校園的景物也要被清除一番。其中南大校園內引訪客進入校園的校門牌坊就一直成為爭議的焦點。

校門牌坊上的「南洋大學」四個大字，是由著名書法家、國民黨元老于右任（一八七九—一九六四）所題寫。照理說，那應該是一個具有歷史價值的建築，但在政府看來，它並沒有任何保留價值。

當時政府還透過公開招標，希望找到承包商承接拆毀牌坊的工作。然而，招標廣告刊登後，卻遲遲未接到任何人的回應。看來沒人敢背負歷史罪名競標拆除這座具有象徵意義的建築，因此牌坊才得以屹立至今。

雖然無人敢拆除，建築卻兩度淪為無字牌坊，而當南洋理工學院成立後，掛上去的還是「Nanyang Technological Institute」的英文字樣，顯得不倫不類。西方國家的唐人街牌坊的命運應該也不至於淪落至此吧。

還聽說以前的南大校園內種滿了相思樹，素來有「山山皆秀色，樹樹盡相思」的美譽，可是這些相思樹後來都被砍光了。

一個可以鐵下心把滿園相思樹都砍光的人，在做這項決定的時候，心裡在想什麼呢？我寧可相信這個人從沒聽過「紅豆生南國，春來發幾枝；願君多採擷，此物最相思」這首詩，因此不了解詩裡的情懷。

南洋理工學院後來在一九九一年升格成為南洋理工大學。那是中國經濟發展開始騰飛的時候，也是新加坡與中國建立邦交的隔年。

學院升格為大學後，政府修復了南洋大學舊校門牌坊，還原「南洋大學一九五五」的舊貌，並把舊校門牌坊與華裔館（原南洋大學舊圖書館）和南洋大學建校紀念碑，一併列為新加坡國家保存古蹟。

不過，牌坊並不在大學校園裡，而是在住宅區內。這是因為舊校門已換了方向，牌坊早已被一條高速公路隔開，孤單地站在遠處遙望彼方。

目前在校園裡看到的牌坊，是一九九五年新建的。我和許多南洋理工大學的學生一樣，原本都不知道牌坊有新舊之分。當發現以後，我對校園裡這座山寨牌坊的敬意蕩然無存。

在校學習期間，我試圖在這個過去稱之為雲南園的校園裡，找回可以讓我穿梭於歷史的蹤跡，但除了那座古色古香的華裔館建築外，整個校園讓我感覺像是一座沉悶且冰冷的巨型工廠。

這也難怪，現在這所大學是世界「建校少於五十年」的年輕頂尖大學，而學校網站上的英文介紹對「南洋大學」也隻字未提。

中文主頁則做了一些背景介紹：「坐落在新加坡西部的南大校園『雲南園』，是東南亞第一所中文大學——南洋大學的誕生地，光榮傳承了南洋先輩傾資興學及勇於拓荒的精神」。

現在的南洋理工大學雖然也簡稱「南大」，但是已名存實亡。現在的校長是一個以高薪從海外聘請過來的洋人，對過去南大的歷史未必有太多的了解，更不用說有情感上的聯繫。

先前仍有南洋大學的畢業生希望學校能恢復舊名，但現實情況是，這已經是一所沒有歷史、沒有過去的年輕學府，討論復名已經沒有太大的意義。

雖然已經過了三十多年，但批評關閉學校決定的聲音卻沒有平息過。這個問題和限制方言的政策一樣仍未蓋棺論定，依然像是個驅之不散的陰魂一樣等待著翻案。

對於關閉南洋大學，李光耀十分堅定地認為這是正確的決定。但網路上有不少關於南洋大學的文章，讀起來感覺積怨很深，都在痛斥當初這個決定。可是這些匿名作者的文章無法掀起任何波瀾，頂多讓人像讀八卦一樣，純屬娛樂一笑置之。

我也很好奇想了解，到底到了七〇年代末，南洋大學是否真的非得關閉不可。我相信這會是一個有趣的研究課題，也希望將來大家能在不必背負任何包袱的自由空間裡，對這段歷史進行討論和研究，為這段歷史做出一個公允的結論。

9 精英崇拜

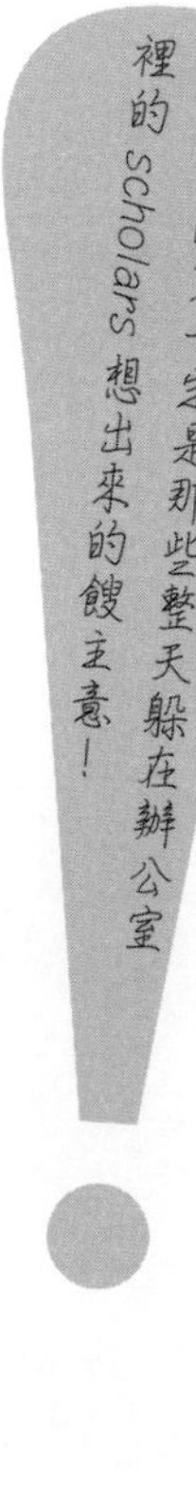
這個政策一定是那些整天躲在辦公室裡的 scholars 想出來的餿主意！

政府官員和一些研究新加坡模式的國內外學者常說，新加坡奉行任人唯賢的精英制度，是建立公正平等社會的優良體系，只要肯付出努力，誰都有機會出人頭地。

可是……

一、包攬人才

國家非常重視對人才和精英的挑選和培養。正如先前在〈十年樹木……〉和〈……百年樹人〉兩章所提到的，在教育制度上，成績優秀的天才們在小學三年級被鑑定有特殊資質後，早早就從一般學生中抽離出去集中栽培。其他較為優秀的才子們，在通過各種考試和分流證明自己的實力後，也能獲得很好的培養。

在學校裡，大家經過一輪又一輪的淘汰，「好」學生憑著本事擠進「精英班」接受素質更優良的教育。到了高中，政府就會鼓勵這些學生申請獎學金到國外大學深造。

記得高中時曾看到政府機構派出一輛又一輛的巴士到一些精英高中去，載送學生到舉辦獎學金介紹會的場館，希望以豐厚的獎學金和美好的前途吸引他們申請。聽說這個到精英學校接送學生的「傳統」仍延續至今。

這當然也是新加坡政府包攬人才和防止國家人才外流的高招——早早發掘有頭腦、有潛質的有為青年，立刻進行招募，以最好的獎勵吸引他們，讓他們在求學時衣食無憂，只要專心把書念好，學成歸來後好好回饋政府。

政府提供的獎學金待遇相當不錯，除了幫優秀學生支付昂貴的全額學費外，也提供來回機票、住宿，甚至每個月還補貼生活費。獎學金得主在完成學業後則必須履行合約，回國在政府部門裡服務幾年。

政府如此善待優秀學生，是惜才愛才的表現，而為優秀學生打點一切，這樣他們就可以專心念書，也不會像其他國家血氣方剛的青年那樣憤世嫉俗，常常走上街頭與政府作對了。

聽說，各政府獎學金還不明文地按不同檔次來區分呢，這進一步反映隱身在新加坡社會的階級觀念。

一位獲得教育部海外獎學金的朋友就告訴我，獎學金得主的圈子裡其實一直在對各項獎學金進行再分類，教育部獎學金在檔次上就不如貿工部和國防部的。朋友還說，國防部國內和海外獎學金在級別上又有區別，而總統獎學金是各獎學金當中級別最高的，屬於最高榮譽。

不必靠這種「內幕消息」，我們從部長的背景來看，也可以看出一些蛛絲馬跡。你看，那些獲得所謂「檔次最高」的獎學金得主，往往都是政府機構高官，要不然就是成為內閣政要。

以上當然都不是官方的說法，而我相信官方也不會贊同這種民間觀察。就如政府一直強調「所有學校都是好學校」一樣，我相信官方也會表示「所有獎學金都是好的獎學金」。不過不管官方怎麼說，大家心裡都有一個屬於自己的答案。

二、傲慢的精英

在建國初期，執政精英鞠躬盡瘁，為國家貢獻畢生的心力，他們的無私精神讓人肅然起敬。然而現今，「精英」二字卻成為一個讓人聽了覺得格外刺耳的貶義詞。

我詢問周圍的朋友，聽到「精英」二字有什麼感覺，除了「精英們」本身維護其制度的必要性外，其他的朋友們聽了，總會露出不屑的表情。

「這個政策一定是那些整天躲在辦公室裡的scholars想出來的餿主意！」

「政府不會吃虧的，他們請的那些scholars都很會算，預算案政府要給多少，最後又能得回多少，他們早就計算好了！」

「scholars」指的就是政府獎學金得主們。每當政府推出一項政策，或者條目眾多的優惠措施的時候，我們常常可以聽到這類不以為然的評語。

在大家眼裡，這些「精英」生活在雲端裡，與普通民眾脫節。在人們的印象中，「精英們」總享有特權，能不斷得到政府的關照。

最常聽到的「民間分析」就是，政府機構投資了大筆資源在這些獎學金得主身上，絕對要確保他們成才，因此必須保護他們，提供他們發揮的機會。除非他們的表現奇差無比或犯了大錯，否則他們在機構裡的升遷道路相當平坦，甚至可以平步青雲。

在教育普及、國民教育水準大幅提高的今天，「精英」享有特權的現象已經讓人有不公平之感——十八歲定了終身，其他大器晚成者則必須付出更多努力，才能在政府部門裡有出人頭地的一天。

此外，過分強調少數人的能力，以及「精英們」表現出來的傲慢態度，也是引起人們對精英制度和精英主義越來越不滿的原因。

前總理公署常任祕書嚴崇濤在退休後，近年來常針對新加坡政治制度和發展提出尖銳的言論。他曾在一場演說中直言新加坡精英傲氣凌人，而一些公務員的言行舉止就像是在奉聖旨辦事，這些人儼然是一個個「小李光耀」。

這番話是人們普遍觀察到，卻憋在心裡不敢公開說出來的現象。

為什麼這些話如此難以啟齒呢？

一、把這種話放在檯面上，必然會讓人認為那是出於酸葡萄心理：是你自己沒本事成為「精英」，無法享有特權，所以你現在只是在吃別人的醋。

二、我們也常常聽到一句不少新加坡人愛說的話：「是這樣的啦，習慣就好。」就是因為「習慣」了，所以大家總是在把不正常的情況視為正常，只會認命地在私底下埋怨，卻從來不會對自己感覺不妥的現象做出任何改變。

在學生時代，我曾經和幾位來自所謂名校的學生和政府獎學金得主有過短暫接觸，其中一些人的傲慢簡直讓人不敢恭維。

記得有一位從英國大學畢業、後來在政府機構工作的獎學金得主，他的態度就十分狂妄。在聚會中，他先問清楚每個人的底細，如什麼學校畢業、是否持獎學金等等。最後，他選擇只跟其他獎學金得主交談。

出來工作後，我也接觸過另一些在外國知名大學念書的「精英」，發現他們都有諸多抱怨。他們認為自己被合約束縛了，因為他們的大學同學畢業後都進入財富五百強的企業賺取高收入，而自己卻被關在公家單位當個小小公務員，覺得才幹被埋沒了。

不單是新加坡獎學金得主，甚至連一些持新加坡政府獎學金的外來「精英」，也同樣一鼻孔出氣。

「在這裡念完高中我就去美國了，誰要留在新加坡。」一位在新加坡求學的中國獎學金得主趾高氣昂地說。

這位學生在初中時參加了一項由新加坡政府舉辦的招生考試，她以優異的成績考取獎學金，被保送來新加坡上學。在談話中，發現她自視甚高，看輕她所有的新加坡同學。

天啊！新加坡的精英很傲慢，那不稀奇，可是怎麼連來到這裡求學的政府獎學金得主也同樣這副德性？新加坡政府怎麼把我們納稅人的錢拿去培養這些傢伙？但願這些「精英們」有一天能理解「滿招損，謙受益」這條古訓吧。

其實，在豐衣足食的年代，考到獎學金的學生已經不會像上一輩那樣，認為自己得到國家的恩惠。對他們來說，獎學金制度單純只是一種契約，而他們手上的獎學金，是他們憑著自己勤奮和努力得來的果實，跟國家的培養無關。

當然我們不要只停留在這些人的不屑，我們更應該深一層去想，為什麼這些「精英」會有這種夜郎自大的心態？

那份傲氣是與生俱來的，還是因為我們的教育制度和社會環境縱容了他們這種不可一世的心態？是不是學校裡的老師、校長，乃至整個社會都在不斷強調某種階級觀念，讓「精英們」認為自己是有別於他人的特殊群體？

讓人擔憂的是，如果我們依舊以這種模式篩選「精英」，並希望從中挑選出領導政府機構甚至是整個國家的領袖，新加坡社會的內部矛盾將來很可能一觸即發。

三、外來和尚會念經

小的時候，老師們常說，新加坡國土面積小，沒有天然資源，國家唯一的資源就是人，所以政府必須培養「有用的人」，讓他們成為國家棟梁，才能讓國家不斷發展。老師們只不過是把國家領導人常公開說的話敘述一遍給我們聽罷了，他們希望我們用功讀書，有一天能成為對國家有用的人。然而，老師們並沒有具體說明何謂「有用」。

但我們不是聽過一句話「書中自有黃金屋」嗎？而且老師也常說：「你看，那些掃地的就是因為沒讀書，所以長大後賺不了錢，成為不了有用的人。」所以在我們的印象中，書讀得越多就越有用，也會越有錢。

以現在的角度來看，這種說法帶有嚴重的職業歧視：誰說清道夫對社會的貢獻不如律師？但這種普遍的看法說明我們的社會總是單純地以教育程度、收入以及專業身分判斷人們的存在價值。

小的時候我也聽過李光耀舉出的一個關於珍寶飛機的比喻。他說，新加坡人才非常匱乏，如果把整個新加坡社會最能起中流砥柱作用的三百人都集中在一架珍寶客機上，而不幸的，這架飛機墜毀了，整個新加坡社會必將瓦解。

這個比喻是在一九八〇年代提出的，那時新加坡的人口只有三百多萬，我和我的家人、朋友們就在這三百萬人裡頭。如果那場災難不幸發生，那麼我們這些可憐的三百萬隻沒用的羊咩咩們不就群羊無首，等著任人宰殺的命運降臨？

我聽了李光耀的話感到又難過又害怕，期待著更多「很棒、很厲害」的新加坡人出現來拯救我們，以避免不幸的事情發生。

可是三十年過去了，「很棒、很厲害」的新加坡人還是不多，應該裝不滿一架可容納八百多人的A380客機吧！

為此，李光耀感到擔憂。

他在二〇一〇年接受《國家地理雜誌》的訪問時，就對新加坡人能力不足感到憂心。他一方面對大量中國新移民的到來表示歡迎，另一方面則批評新加坡人不夠進取。

在此之前，新加坡民眾已經對外來人口增加表達強烈的不滿，但這番怨氣並沒有得到應有的重視。不但如此，政府一次又一次地強調國家需要依靠「外來人才」和「外來精英」的幫助才能保持競爭力，並將大家的情緒歸咎於排外心理，連同外來移民一道斥責新加坡人民心胸狹小，沒有海納百川的肚量。

果真如此嗎？

我之前也提過，在學習過程中，有些學生因為學習方式不同，無法融入現有的教育體系裡，結果遭到制度淘汰。這些學生可能有特殊才能，可惜無法得到更好的栽培，最後只能淪為平庸。

但大家是否想過，新加坡有過剩的庸才，是因為阿斗們太多，還是因為我們的伯樂太少了？

還有，我們看看許多所謂的「外來人才」吧。近十年政府大開門戶，吸引許多區域國家的普通白領員工。他們的到來，直接與一般的新加坡專業人士構成競爭。

由於來自區域國家的求職者願意接受較低的工資，所以在寬鬆的外來人口政策下，雇主傾向於聘請這些「外來人才」。有些機構將新加坡求職者拒於門外，專挑外籍員工，甚至連管理層都由外籍人士擔任。

在自己的國家裡沒有受到保護反而被歧視，這個現象奇特吧？人們對此不滿已久，但官方卻遲遲不表態，直至二〇一一年選舉過後才正視這個問題。

同樣讓人感到困惑的是，我們不是在堪稱亞洲最優良的教育制度底下培養出來的國民嗎？為什麼時至今日在政府眼裡，除了少數國產「精英」以外，一般市民的才能卻比不上其他發展中國家的「人才」？

我們向來奉公守法，老老實實地遵循著政府制定的各種條例生活，可是到頭來，我們卻被嫌棄能力不如外來和尚。而且當不少機構的管理層皆由外國人擔任，這是否也說明新加坡教育制度只滿足於培養打工仔？

如果一個家長總是覺得自己的孩子不如別人，認為孩子不夠積極進取、不夠有創意，那麼這個家長是否也應該反思，究竟是什麼原因造成了這些問題？

四、精英的類型

我們執政精英的背景相似度非常高。就說我們的內閣成員吧，你看，他們不是軍官，就是律師和醫生，要不就是工程師，偶爾有一些銀行家和大學教授。

我看了看二〇一二年包括總理李顯龍在內的內閣部長名單，發現十八人裡有六人曾是軍官，一人是私人醫院專科醫生、一名律師，其餘都是修讀經濟或工程科系，而有些則是在學校畢業後就直接進入政府部門或政聯公司任職。此外，名單中有超過一半的部長曾是政府獎學金得主。

至於他們所就讀的學校……劍橋大學、倫敦皇家學院、史丹佛大學、哈佛大學……，哇，都是全世界數一數二的頂尖學府……而只有四人畢業於新加坡國立大學。

看到他們的背景，我不禁要問，難道「精英」只有一種類型？難道只有醫生、律師、大學教授才配得上領導國家？

放眼望去，我們的周圍到底有多少親戚朋友是從醫或念法律的？新加坡公務員當中，教育工作者占了大部分，可是執政團隊裡曾經在中小學任教的教育工作者卻為何難覓芳蹤？

更弔詭的是，歷屆的教育部長來自化工業、金融業、醫藥界甚至軍隊等領域，竟然沒有一個是教育界出身的。

政府在鼓勵人們投身教育事業的時候，不是常說「教育是高尚的事業，教育工作者是偉大的、令人尊敬的靈魂工程師」嗎？

是的，教育工作是一門需要經過培訓才能勝任的專業，教育部也絕不會允許從未受過教師培訓的人踏入教室誤人子弟。可是，我們發現政府總是安排其他領域的專業人士來掌管教育事業。這是不是有意無意透露了執政者的某種思維和心態？

我在想，是否正因為外行人總在說內行話，所以我們的教育制度一再進行改革，卻始終找不到更長遠的、更能安身立命的根基？是否正因為如此，所以我們的制度總是偏重功能性和功利性，缺乏對人文修養的重視？

這種安排是不是過度迷信「精英」的能力，以致認為只要是精英掌舵，任何問題都可以迎刃而解？

不光是教育部長，管理文化、通訊、藝術、社會發展等部門的部長，也沒有一個是相關背景出身的。

現任的通訊藝術部長雅國博士曾是工程系教授。之前掌管此部門的呂德耀曾是海軍總長，而目前管理社會發展部門的陳振聲則曾擔任三軍總長。

讓一位習慣按章行事的軍官或工程師掌管文化藝術，以及處理社會問題，很難讓人將他們與創意和關懷的形象聯想在一起。

執政精英們的背景都如此單一，他們真的能透析多元社會浮現的各種棘手問題嗎？尤其是獲得武裝部隊獎學金的部長，他們在十八歲之後負笈海外頂尖學府，學成歸來後，在軍隊裡受訓成為高級軍官。

在軍隊裡打滾十多二十年後，表現最出色的軍官們很有可能被納入精英名單，成為部長級的國家領袖。總理李顯龍就是軍官出身，而現在大家猜測將接棒成為下一任總理的人選陳振聲和陳川仁也都是軍隊將領。

這樣的政治精英培養過程，令人懷疑他們是否對一般新加坡人所面對的畢業、求職、失業、裁員等問題能有深刻的體會。除了這些軍事將領們，那些在金融業界打滾的金融人才是否有扎實的群眾基礎，也很讓人懷疑。

李顯龍領導的政府已經了解到，繼續強調精英將分化國民，造成民眾的怨恨情緒，最終將對自己的領導班子構成威脅，因此正試圖改變現狀。

例如，現在在教育部公布會考成績後，媒體已經不再為秀才狀元們添枝加葉，轉而不斷報導那些出身貧苦家庭或克服逆境考獲好成績的優秀學生。又如，在二〇一三年總統獎學金得主中，媒體強調多數學生來自「非名牌」小學，試圖以此說明在新加坡英雄不論出身，誰都能有機會成為「精英」。

雖然媒體的報導和教育制度做出了小步改變，但仔細一看，就會發現整體思維依舊沒變。因為無論學生是否來自名牌或非名牌小學，他們最終都進入精英中學，往後接觸的都是「精英」，少與「資質一般」的「平庸」新加坡人往來。

另外，雖然新加坡政府已表示希望減少對學術成績的重視，但到目前為止，其動作和所傳達的資訊仍未能吻合。

就拿招聘廣告來說吧。我在香港的時候，看到當地政府機構刊登的招聘啟事，發現招聘單位雖然要求應徵者需要有大學文憑，但沒有學歷的申請者並不會馬上被排除在外，因為他們仍能以相關工作經驗作為應聘條件。

新加坡的政府單位呢？廣告上常常寫著要求應徵者必須具備「良好」的大學文憑，有些甚至還指明申請者必須擁有至少二一等榮譽學位。你看，官方的要求給大家傳達了什麼資訊呢？

五、滿紙特優

在二〇一二年的五月補選中，人民行動黨推出了一位專科醫生許寶琨競選。大家一看，第一個反應是：天啊，又是另一個PAP模子生產出來的人選。至於反對黨工人黨派出的則是一名在某保險機構任職的普通職員李麗蓮。

從背景資料看，我們知道李麗蓮來自普通中學，修讀的是五年制中學，而非四年制的快捷課程。後來她升上理工學院，再考取大學文憑。按人民行動黨對學歷的嚴格要求，她根本不會是政府眼中的人才，然而在補選中，選民卻偏偏鍾情於這位學業成績不怎麼亮眼的普通人。

這讓我想起一九八四年大選中的一個小插曲。當時，波東巴西選區反對黨候選人詹時中是一名律師。他的參選打破了「反對黨候選人素質不佳」的觀念——因為過去反對黨少有大學畢業的專業人士出來競選。

儘管如此，李光耀仍有一些意見。

他當時比較了人民行動黨候選人馬寶山和詹時中的中四會考成績，指出馬寶山在十六歲時就考到了六科特優，而詹時中在一九五三年十八歲時才參加考試，而且只考獲六科優等，至於英文也只是剛好及格，必須重考才能得到優等的成績。在進行比較時，李光耀還用手指點了點太陽穴，質疑對手頭腦不靈光。

李光耀以二十年前的中學成績奚落人家，然而那一區的多數選民不買帳，把票投給了「頭腦不靈光」的詹時中。

二〇一一年的大選，由於詹時中改變選舉策略，轉到另一個選區角逐，結果敗選了。

那時的他已經呈現老態，也因為中風導致行動遲緩。在答謝選民的支持時，他吃力地發表了一段演講，一個字一個字地敘說當年被李光耀譏諷的事。他的語氣中沒有怨恨，只有對人們的關懷。他激勵年輕的一代，告訴他們不要因為學業成績不理想而認為自己不如他人。

他費勁地講完了這段意味深長的話，台下熱烈的掌聲也久久不息。

這段話，讓人們看到新加坡政壇上最充滿人情味的一面。

是的，請不要再告訴大家，只有學業成績優秀的人才有資格領導我們。人們要的不是只會考得滿紙特優、表現得高高在上的狀元，而是能夠誠懇地與人民並肩，共同解決、克服各種民生問題的領袖。

六、部長們又加薪了！不……後來減薪了！

新加坡總理和部長的薪水是全世界政客當中最高的。總理李顯龍的年薪目前比美國總統歐巴馬多出五倍。

李光耀當年在制定部長們薪金標準時曾解釋，提供高薪是為了吸引最聰明的人進入國會。他說，他發現英國牛津、劍橋大學等最頂尖優秀的學生，畢業後都從事其他行業賺大錢，而不涉足政壇。因此，他認為必須以高薪吸引腦袋瓜子最靈光的優秀人才加入政府，而且他也表示高薪是防止官員貪汙腐敗的重要因素。

由於在李光耀執政時代，我們的確看到自己的生活過得更好了，也相信執政者的執政能力，所以在一定的程度上也都接受這套作法。

然而到了二〇〇〇年以後，社會貧富差距擴大，經濟社會問題接踵而至，總理部長領取高薪的模式，在二〇〇六年和二〇一一年大選中就成了眾矢之的。李顯龍總理也意識到問題如果不解決，這將會是一個爭論不休的課題。二〇一一年選舉過後，經過一番檢討，政府薪資進行「大幅削減」。

雖然政府主動減薪，讓人覺得誠意十足，但由於薪金仍然偏高，所以這個課題依然會繼續牽動新加坡民眾的政治神經。

另外，以高薪維持政府廉潔度的說法，恐怕已不能完全再被人們接受。在全球清廉指數排名上，紐西蘭和丹麥、芬蘭等一些北歐國家的排名都在新加坡之上，而這些國家的領導人薪資卻遠不如新加坡的部長。這說明了高薪未必是確保政府清廉的最佳良方。

10 排名幾乎墊底的新加坡媒體

> 言論受制其實模糊了政客們的視線，反而對自己不利。

打開電視或者翻開報紙，你可能會覺得新加坡社會大概是太平靜了，所以沒有什麼新聞值得媒體報導。當你看到電視上播放的都是美食節目，你也可能會以為新加坡人除了吃以外，什麼事都不關心。

一、媒體的配合

在國會選舉競選期間，經常有線民在網上貼文表示本地媒體的報導偏袒，甚至還不時取笑記者們在媒體自由度幾乎包尾的機構上班。

說實在的，我們的新聞媒體環境是一個令人感到弔詭的現象。一個經濟開放、人民生活水準可躋身發達國家行列的新加坡，在官方資訊公開和媒體所享有的自由度，卻與經濟開放的程度不成正比。

新加坡雖然有很多不同的報章，但都是屬於同一家報社，而報業集團的主席都曾任政府高官。電視台雖然是私營機構，但政聯機構淡馬錫控股*卻擁有部分股權。

有時候在報章上看到一些文章，你可能會覺得某些高職位的編輯和專欄作者，像政客多過於像新聞工作者，而一些所謂的「分析評論」，一看就讓人看穿是吹捧文章。

有些人看到報章銷量和電視收視率下跌的趨勢，於是斷定傳統媒體是夕陽工業，這一點我並不完全贊同。尤其以新加坡來說，傳統的媒體沒有市場，一個重要的原因是他們把自己的市場搞砸了！

儘管一些年輕記者可能對新聞界持有遠大的理想與抱負，但是如果寫出與「主流」立場相悖的見解，是否得以刊登又是一個問題；而且在新加坡，記者可不是無冕皇帝。這在《海峽時報》前總編輯張業成出版的《言論自由的邊界》（*OB Markers—My Straits Times Story*）中有詳細的描述。

即使沒看過那本書，新加坡媒體與政府之間的親密關係也已是公開的事實，而且從近來報導的角度來看，兩者之間絕沒有疏離的跡象。

舉個讓我印象深刻的例子。二〇一三年年中，正當政府傾全力控制組屋價格時，亞洲新聞台報導某個轉售組屋單位售價攀升到一百萬元的新聞，讓民眾認為政府控制房價不力，不滿情緒再次升溫。

看到這則新聞，管理房屋政策的國家發展部長許文遠感到不悅，在國會上以溫和的態度指出這是一起孤立事件，並非政府所能控制。

接著，他不慍不火地質問為何電視台炒作消息，然後仍然以溫和的語氣提醒電視台不可再犯同樣的錯誤。

此後，我們無論在報章還是在電視上看到的，都是房價下跌的新聞了。

我並不是在力挺不負責任的新聞報導。的確，在媒體眼中，常態不是新聞，「狗咬人才是新聞」，但優秀的新聞報導和狗仔新聞炒作還是有區別的。

亞洲新聞台的那則報導並沒有提供更全面的情況，純粹以聳動的角度來炒作消息，所以的確有失偏頗。如果這是小報的報導也就罷了，但這不是一個自認是優秀國家級新聞台所應具有的新聞素質。

面對不實的報導，官方可以提出不滿和澄清，但是對媒體做出這種警告，在當今的政治氣候下，只會讓人對他們的動機產生更大的懷疑。

＊編按：淡馬錫控股公司（Temasek Holdings）是新加坡的投資公司，新加坡政府財政部擁有一〇〇％的股權。由於該公司自成立起到二〇〇四年九月期間從未公布過財務報表，因此被認為是新加坡最神祕的企業之一。

過去，民間網路新聞平台還未出現以前，在報章看到關於反對黨的新聞，大多數都是負面的報導。有時候雖然報導篇幅不大，但一張圖片卻勝過千言萬語。

例如，編輯所選擇的照片，常把這些反對派人士最不可愛的一面加以放大，讓他們顯得凶神惡煞，而執政黨官員則經常笑容可掬，有時抱著小孩，有時可以看到他們彎下腰跟坐在輪椅上的老年人說話，都是非常親民討好的形象。

有一次幾個外國的記者朋友到我家裡來，在看了我們的報章以及電視新聞後都說：「你們的媒體對政客很友善啊，連這些部長們出席民間小活動都報導。」

當時電視上正播放著某位部長參與社區活動的畫面，在台上跟著底下的社團民眾手舞足蹈，臉上掛著親切的微笑，好像沉浸在一片和樂融融的愉快氣氛中。

看著這個畫面，一方面覺得這是當官的其中一個代價，另一方面也懷疑編輯是不是有壓力必須報導大官員們的行蹤，或者已經慣性地把自己當成是御用編輯了。

最後我和朋友們一致同意，這類「新聞」既沒有趣味性也沒有新聞性，簡直無聊透頂。在沒有人反對之下，我們關掉電視節目，轉看好萊塢的片子。

二、傳統媒體面對的競爭

在二〇〇六年國會選舉那年，大家已經發現網路言論所起的作用。五年後的二〇一一年國會選舉中，網路新聞平台發揮不可忽視的影響。同一時期，有資料顯示除了電視收視率下滑，閱讀報章的讀者人數也逐年下降。

當然這是全球傳統媒體在網路競爭下所面臨的困境，但新加坡的媒體還面對一個報導角度的問題，讓讀者越來越覺得索然無味。

如前所述，新加坡的主要媒體——報章、電台、電視台都有官方背景，言論和報導內容多少受到限制。

在網路普及之前，我們在報章上不時看到歌功頌德的文章，很少看到批評政府的內容，偶爾出現幾篇，但都會經過編輯謹慎處理。如此一來，表面上看來整個社會是風平浪靜的太平盛世。

但問題來了，當強烈負面的聲音被掩蓋、犀利的言辭被削弱，上位者如何聽得到最真實的聲音，以及感受到最赤裸的情緒呢？所以我總覺得，言論受制其實模糊了政客們的視線，反而對自己不利。

在網路社交媒體開始普及化之後，對各種政策的分析排山倒海而來。這些文章有些很偏激，有些很精闢，但可說是百花齊放，讓報章的言論版面顯得相形失色。

剛開始，政府並不太願意理會網路的聲音，不過當人們的閱讀趨勢越來越明顯偏向網路，一些受歡迎的網路評論文章也不斷被轉載，政府不得不重視網路的言論，甚至以此作為了解民意民情的管道。

有年輕部長也妥善利用網路，積極地在社交媒體上與線民互動。這些年輕部長採取相當冒險也相當聰明的作法。冒險是指他們可能會因為一時沒有顧及反應，不經意發表不當的評語，而被線民放大、攻擊；聰明則是因為網路提供他們曝光的平台，讓他們直接與人民接觸，而不須透過已經漸漸失去影響力的傳統媒體。

你看，部長們已經開始改變策略，如果傳統媒體還固步自封，在報導或評論上讓人一眼就看出明顯偏袒，那麼失去影響力，著實也怪不了任何人。

三、國際媒體中心？

政府曾經表示，要把新加坡打造為區域甚至是國際媒體中心。雖然其構想是以發展媒體科技和數碼媒體為主要方向，而儘管政府投入龐大的資金去發展這塊領域，然而缺乏一個適合各種思想綻放和相互激盪的開放環境，我不相信這個「中心」能走多遠，能具有多少影響力，充其量只不過是成為一個製作中心，讓一些國際機構到這裡利用先進的設施罷了。

這跟當初創辦亞洲新聞台的情況有些相似。這個電視頻道說好是以新加坡為立足點，要向全世界傳達亞洲的聲音。那真是雄心勃勃，可是作為一個國家級媒體，卻連新加坡人的聲音都無法妥善傳遞，節目內容畏首畏尾缺乏創新，收視率又偏低，又如何讓人相信它能做得比區域國家的國際頻道更出色呢？

寫到這裡，突然想到，新加坡的電台和電視台的收聽和收視率，遠比英文電台和頻道高出許多。其實廣播媒體機構可以用更大力度去發展一個面向區域的、具有更大影響力的中文新聞台。

到目前為止，能讓新加坡演藝人員找到更大舞台的不是英文，而是自己的母語。一些馬來藝人在馬來西亞發展，並在當地竄紅，而我們所熟悉的新加坡華人歌手，也在中港台娛樂圈找到屬於自己的天空。

如果在素質上、資訊開放程度以及公信力等方面都做得好的話，一個私營的、沒有任何官方背景的中文新聞頻道，做出來的成績相信會比英文新聞台來得更出色，而且將更具有影響力。

嗯，我彷彿聽到有人說「談何容易」。

是的，我知道是不容易。我們曾經因為「競爭過於激烈」，而把一家成立不久的報業控股電視業務關閉，現在怎麼可能投入資源再開設新的電視台？而且這個年頭誰看電視呢？

沒錯，過去把電視台關了實在可惜，但要從競爭中脫穎而出，需要新思維和新策略。沒有人說競爭必須硬碰硬爭奪一塊小餅。

其實，更大的問題是，要我們媒體完全脫離官方背景，這對政府來說恐怕難以想像。可是，說實在的，如果我們的新聞媒體繼續在國際排名上得到幾乎墊底的成績，繼續給人不自由的印象，其公信力也會被大大地削弱。連公信力都被質疑，那就別奢望自己能有多大的影響力了。

因此，要實現成為國際媒體中心的夢想，或者希望我們的國際電視新聞頻道能有更大的作為，也一樣是「談何容易」。

11 三餐溫飽 v.s. 言論自由

我們聰明得很，懂得精打細算，懂得權衡得失。

先說個虛構的故事……

一、機器人的愛國方式

二月三十日是機械國的國慶。該國的統領頒布命令，說這一年的國慶深具意義，所以慶祝活動絕不能隨便、絕不能馬虎，一定要做到最好。其實機械國什麼時候做的任何一件事情是胡亂辦成的？敷衍了事，根本不符合機械國的辦事風格。不過，這一年，西元三〇〇〇年，確實是很特別的一年，是機器人擺脫人類的管束後，邁入完全屬於機器人的世紀。而且，這一年又是機械國成立後的第五百個年頭。機器人走過了五個世紀還屹立不倒，真是值得大肆慶祝。

早在一年前，也就是三十世紀末的那一年，機械國的統領就已派了品質優良、高檔次的機器人為其他普羅大眾編寫愛國程式。編寫程式只需幾天的工夫就行了，之後的幾個步驟如試用程式、更改程式直到完全不會出現錯誤為止，只需一個星期。而最後一項步驟是將程式輸入普羅大眾的硬體裡，最多也只要幾個星期的時間。因為機器人的數目眾多，再加上它們良「鏽」不齊，所以輸入過程有點複雜和繁瑣。所幸機器人們在製造時都通過嚴格的品質管理，所以都懂得遵守命令，才不至於在輸入過程中出現機器人發瘋亂轉的麻煩狀況。

複雜和繁瑣的輸入過程終於順利完成了。接下來就是排練的步驟。排練也是在品質優良、高檔次的機器人帶領下進行。在這些品質優良、高檔次的機器人領導下，排練進行得非常順利，簡直是天衣無縫、無懈可擊，統領看了也十分滿意。排練過後，大家就期待著機械國歷史上具重大意義的那一天到來。

三〇〇〇年二月三十日。

這深具意義的一天終於到了。機械國的所有機器人老早就在全國各地大大小小的廣場、操場、走廊上排列整齊。那是多麼壯觀的場面啊！在柔和的陽光照射下，各種金色的、銀色的、同色的機器人都變得如此光彩耀眼、絢麗奪目。

「嗶——嗶嗶」那是其中一個品質優良、高檔次的機器人要大家準備「嘟」國歌的口令。底下的機器人訓練有素，馬上將頭轉向國旗升起處。國歌奏起，巨大的電腦晶片隨著音樂慢慢升起。機器人「嘟——嘟嘟——嘟嘟嘟嘟——嘟——嘟嘟」的

「嘟」著國歌。那節奏和旋律是那麼的機械、那麼的動聽，簡直太完美了，使統領讚嘆不已。

「嗶嗶——嗶！」那個品質優良、高檔次的機器人發出了另一個口令。訓練有素的機器人們知道是進入另一個項目，早整裝待發，準備好早已輸入的，應該是如此這般的反應。

「嗶嗶嗶嗶？」

「叮噹叮噹！」

「嗶嗶嗶嗶——嗶嗶嗶？」

「叮噹叮噹——叮叮噹！」

這一問一答，機器人們都應對自如，而且回答得多麼整齊、多麼一致，可謂萬眾一心、全民同慶！

慶祝活動進行了一整天，機器人們沒有一個覺得累。大家都在這次的活動中機械得不亦樂乎！

這是大概十年前我在觀賞了我們的國慶典禮後寫的一篇小故事。

每一年觀賞慶典儀式，我都會有一種我們是被塑造出來的感覺，連表現愛國情緒的方式也顯得很刻意，例如什麼時候應該張掛國旗，要在什麼地方寫下給國家的賀詞等，都有一定的規矩，我們一般人所要做的就是遵照執政精英的指令，因為那樣就能創造出完美的國慶慶典，就像創造出美好的生活一樣。

不過機器人是否會有突然覺醒的一天？就好像很多好萊塢科幻電影描繪的那樣，機器人在受到人類統治多年後，有一天忽然醒悟，出現了自我意識，於是蠢蠢欲動，想要擺脫人類的束縛。

好萊塢的科幻片當然天馬行空，但是現實生活中，習慣按照程式行動的機器人是否真有改變現狀的意願和能力，則不得而知。

幾年前在報章上看到一篇報導，一名韓國年輕女作家到世界各地蒐集平凡人的夢想，希望把大家心中所追尋的夢彙集成一本書，藉此激勵其他有夢之人一起追夢。

她說，即使在最貧窮的落後國家，人們也有寬廣的心胸和偉大的夢想，希望為世界做出點什麼貢獻。這些小人物、小故事讓她備受感動和鼓舞。

後來，她來到新加坡。記者於是問她，是否也蒐集了新加坡人的夢想？她很婉轉地回答，自己接觸的新加坡人不多，但從接觸的那幾個人身上發現到，這些人的夢想最沒有啟發性。

她發現，這些人都在想著該如何從原本居住的政府組屋升級到私人公寓裡去。她認為，也許是新加坡人的生活都太平穩了，根本無須經歷太多的掙扎和困境，所以大家所追求的都是物質上的東西。

其實，她的觀察不就反映了我們精神生活的匱乏嗎？或許，我們都習慣某種機械式的思維程式，而在這種機械式的認知裡，改變世界絕對不是大家範圍內的工作，不斷追求更優渥的生活，才是機械類該做的事。

二、語言上的巨人

小時候看電視新聞，常可看到世界其他地方發生反政府示威，好像很好玩，但我出生以來，從沒在新加坡經歷過街頭遊行示威。電視上的畫面更像是在外太空才會發生的事情。

爸爸解釋，畫面中的那些人是因為不滿政府才走上街頭。於是我開始感到納悶，為什麼我們周圍經常有人抱怨政府，卻從來沒有發生過像電視上看到的情形？

小的時候經常聽到大人們私底下議論李光耀，尤其坐上德士（計程車）的時候，司機總愛大發議論，評論國事、批評政府。講到激動時，還一手握著方向盤，另一隻手在空中揮動著，像在發表演說。

除了德士司機，我們組屋樓下的咖啡店也成了評論國家大事的場所。我們往往會看到退休老人聚集在此處，點了杯咖啡或奶茶，然後針對李光耀講的話或者推行的政策用方言高談闊論。

光聽他們慷慨激昂的演說，不知情者會認為新加坡人敢怒敢言。不過翻開報章，打開電視或收音機，呈現出來的又是另一番景象。在媒體上，我們看不到阿伯的慷慨陳詞，也看不到激動的情緒，看到更多的是總理和部長的演講，以及大家對政府的讚美。

看起來，自己似乎身處在兩個不同的世界裡，只有德士和咖啡店才是一般民眾可談論政府的空間。

原來，在語言上，大家都是巨人；但在行為上，人人卻搖身一變，都成了侏儒。真是神奇。

不但如此，每一屆大選，大家還是會把神聖的一票投給自己不斷痛罵的那個人。真是百思不得其解。

在中學時代，聽老師說過這麼一個笑話。有兩個新加坡人一起到倫敦旅遊，來到當地最大的皇家庭院海德公園參觀。走著走著，這兩個女生來到了一處，發現那裡聚集一大群人正在聚精會神地聽演說。演講者情緒激動，用高亢的語氣批評英國政府，還一一列舉政府的罪狀。

那兩個新加坡人越聽越害怕。她們擔心警方會過來驅散人群，但環顧四周卻不見有員警在場。只見觀眾聽得入神，還不時報以熱烈的掌聲，甚至跟著起哄，同聲高喊反政府口號。

正當兩人討論該不該馬上掉頭離開，她們見到兩名員警正朝她們緩緩走來，立刻察覺情況不妙。員警走到她們面前後，並沒有勸請大家離開，只是很客氣地告訴兩人：「你們的雨傘擋到了其他人的視線，是否能收起來？」

我不知道這個故事有多真實，不過相信這反映出當時人們對公開談論政治課題的避諱態度，甚至表現得神經兮兮的。

那個時代裡，大家私底下談到對政府的不滿時，總會先左看右看，鬼鬼祟祟，怕被政府的間諜盯上，把我們抓去「喝咖啡」（被抓去問話）。

以前就遇過一位大叔，他是一個明哲保身、性格怯懦得讓人無法忍受的老男人。當他看到一些喜愛挑戰權威的莽撞青年，總會不以為然，認為這些人是沒有經歷過風浪、不知死活的初生之犢。

後來聽朋友提起，原來在多年前，這位大叔曾在組屋樓下咖啡店看到街坊高聲批評政府，於是也湊了過去，還表現得同仇敵愾。

過沒幾天，他就被叫去問話了。可是他發現，那些跟他一起高談闊論的老先生們卻平安無事，照樣繼續在咖啡店裡大聲謾罵，因此懷疑他們是臥底。經過這件事之後，原本性格就有些膽小怕事的他，就變得更加神經質了。

至於誰是便衣員警，也流傳了一些說法。據說，在高等學府或一些機構裡，政府會部署一些情報人員。這些人可能是學生，也可能是我們的同事。他們混在群體裡觀察大家，並經常向政府彙報情況。

這些都是在一九八〇、九〇年代常聽到的事情，目前已經鮮少聽聞在我們周圍有這種「部署」，但不可否認，老一輩流傳的故事，使空氣中彌漫一股揮之不散的恐懼。但無論這些是真實情況，還是被捏造出來以訛傳訛的謠言，這種恐懼情緒只會加深人們與政府之間的不信任感，並不利於創造和諧包容的社會。

三、別做傻子

我很喜歡中國作家魯迅（一八八一－一九三六）寫的一則短篇寓言故事〈聰明人和傻子和奴才〉。

故事裡有一個奴才，他總愛向他人抱怨自己的悲慘命運。聰明人聽到他的抱怨，只在一旁安慰，但什麼都沒做。

傻子呢，聽了之後決定幫忙奴才改變命運。可是得到傻子的幫忙後，奴才連謝都沒謝一聲，反而因為害怕得罪主人，於是糾眾將傻子轟走。最後，這個齷齪奴才還向主人邀功請賞呢。

有時候我覺得，很多新加坡人都像是故事裡的「聰明人」。新加坡政府是務實主義者，而新加坡人也絕對不是理想主義者。我們聰明得很，懂得精打細算，懂得權衡得失。

我們不會在媒體上口誅筆伐，要是公開評論，也會以比較客氣的方式委婉地說出自己的看法，也絕不會走上街頭扔雞蛋。那是因為聰明的我們，在權衡得失後發現，為了不滿而犧牲本來的舒適生活，並非明智之舉。

即使真的有人認為自己受到政府的虧待，或願意仗義執言，這個愛鬧事的無聊人也只會孤軍作戰，因為他無法說服其他人與他一同改變現狀。

這是把國家治理得井井有條的其中一個高招：作為一個法治的社會，在有人準備滋事之前，早準備好許多法規條例，一旦有人犯法，你就有法可依。

在新加坡，街頭示威屬於犯法，違法者將被捕。未獲警方許可，五個人以上的集會可能會構成「非法集會」。我們有非常有效率的執法機構，在滋事分子出擊前，他們的一舉一動早被盯上。

人們也知道，批評政府必須做足功課（對普通人來說，這有點困難，因為很多資料不對外公開，所以你以為做足了功課，但仍會有所疏漏），因為涉及誹謗者將吃盡官司，甚至面對破產和蹲牢房的命運。

當然前提是，你必須創造一個安定的中產階級社會，讓大家不只三餐溫飽，而且還能過上較富足的生活。

這個模式要複製起來可不容易。首先，要通過新法律，通常需要經過冗長的討論過程，相信不是每個國家都像新加坡政府這樣雷厲風行，立刻就能在沒有太大阻力的情況下通過新法。

另外一個高招，就是像上一章提到的，要獲得媒體高度的配合與協助。

在網路媒體未普及以前，如果有人「誤入歧途」成為反對陣營的成員，當他一廂情願地認為自己受到不公平對待，儘管含冤負屈，他的悲慘遭遇也很難被媒體正面報導。沒有人會同情這個人，大家都會嘲笑他。

聰明的新加坡人，看到這種情況，怎麼可能還會想去當傻子？又或許說這是種認命的態度，如果有不滿，就等著下一屆大選用手中的一票宣洩內心的不平情緒就好了。

四、瘋子

如果只有一、兩個政敵被形容為「瘋子」、「騙子」，我們或許還會相信官方對他們做出的評價。可是當幾乎每個挺身出來提供不同政見的人，都被形容得一文不值，這番評價的準確性就讓人懷疑。

曾經在大選中獲勝，成為反對黨工人黨議員的惹耶勒南，他的搏鬥精神就讓人印象深刻。他在一九八一年的補選中勝出，成為新加坡獨立以來的第一位反對黨議員。

小時候在電視上看到他在國會辯論上與李光耀正面交鋒，他犀利的雙眼炯炯有神，而他滔滔雄辯的姿態也讓人生畏。

後來在一九八四年的大選中，他成功蟬聯議席，足見他在選民心中有一定的分量。可是兩年後，他卻被指控做假帳，偽造工人黨帳目，被判坐牢一個月，並失去國會議員資格，同時還被吊銷律師執照。人家是律師，吊銷他的執照簡直就是不讓他有辦法謀生。

過後，他向英國樞密院提出上訴。經英國樞密院審核，認定取消律師執業的作法嚴重不公，這才讓惹耶勒南得以恢復律師資格。不過在此之後，新加坡就在一九九四年廢除將本國案件交由英國樞密院最終裁定的慣例。

惹耶勒南其實大可放棄從政，從此對天下事充耳不聞，選擇過上很舒適的生活，可是他卻又在一九九七年與其他反對黨人士組織團隊挑戰行動黨。但這回他無法奪下議席，還被控誹謗，吃盡了官司，最終宣告破產。

我曾有幾次在市中心地鐵站外看到他擺攤，售賣他所撰寫的政論書籍。當時只見人們匆匆走過，駐足向他購買的人零零星星，顯得非常冷清。這同李光耀的著作擺在大書局裡，大家蜂擁購買的情形相比真是大相逕庭。

我本來也很好奇，想閱讀這位「瘋子」的文章。但思前想後，害怕周圍有人監視，把我列為反對黨支持者。最後因顧慮太多，我也跟所有路人一樣，匆匆在他面前走過。

我過去一直好奇，為什麼他到了人生盡頭仍不肯甘休，是為了報復，為自己爭回一口氣，還是真的為了人民的福祉而鬥爭？這一點我們不得而知。

我們知道的是，李光耀曾公開說過，要惹耶勒南用爬的過來，跪著向他求饒。要這位反對黨鬥士向李光耀跪地求饒，簡直是異想天開。

過了十一年，惹耶勒南在二〇〇八年擺脫窮籍*後，重振旗鼓，組織新的政黨，希望東山再起，在下一屆大選中挑戰行動黨。可惜儘管銳氣依然，他的時機已過。政黨成立不到半年，八十二歲的他，因心臟衰竭離開人世，成為新加坡政壇上一位富有悲劇色彩的政治人物。

後來我有機會看了他的文章，都在闡述爭取「人權」、「民主」和「言論自由」的政治理想。雖然文字充滿激情，但不免讓人讀了覺得空泛，相信也很難激起新加坡人的興趣。政府視他為強大的對手，用嚴厲的手段對付他，似乎是對自己太沒自信了。

有時候我也在想，為了自己的政治傾向和理念而搞得傾家蕩產，是否值得？生活真的糟到需要去當義勇軍對抗執政者的地步嗎？沒有人支持，到最後改變不了大家的思想、改變不了現狀，其實什麼也沒有改變，做了這些犧牲，真的值得嗎？

對我們這些精打細算的「聰明人」來說，這肯定不值得。我們的社會裡「聰明人」太多了，除非發生嚴重的經濟衰退，讓人們變得一無所有，否則未來十年裡，新加坡出現政治動盪的機會非常渺小。

五、被批准的自由——我們的演說者角落

誰說我們沒有示威的自由？只不過我們的示威文化，就像我們的旅遊局標語說的那樣，是「Uniquely Singapore」（非常新加坡）的。

政府為了向大家顯示我們是開放的社會，二〇〇〇年在芳林公園開闢了「演說者角落」，允許人們在那裡進行受限制的自由演說。

為什麼說好是「自由」，卻又受限制呢？那是因為當時如果要演講，必須事前向警方申請批准，並告知演講內容。

演說者角落開闢後乏人問津，平時只見稀稀落落幾個遊人在那裡歇腳，而佇立在園

＊編按：在新加坡，一旦宣告破產，就會被法院判入「窮籍」。入了窮籍的人，在衣食住行等諸多方面會受到各種限制。

裡寫著「演說者角落」字樣的牌子，長期被當成一個笑話看待。

在當時，甚至到現在，公開自由發表政治演說不成氣候，也由於新加坡人已經被教育得不敢太特立獨行，即使給予我們完全的自由去示威，恐怕也不知道該從何著手。最重要的原因是，我們已經被灌輸得不太相信示威抗議的作用，也不會習慣以對抗方式表達情緒。「理性」的我們，相信衝突只會造成破壞，不會相信示威能帶來多少正面的結果。

後來在二〇〇六年，國際貨幣基金和世界銀行在新加坡舉行聯合年會。要招待來自世界各地的高官顯要，新加坡當然有十足的經驗和把握把盛會辦得最好，但是要舉辦這場會議，卻必須同時接待另一群令政府頭疼的海外客人——來自世界各地反全球化的示威者。

在這以前，香港也舉辦過類似的會議，國際示威者在那裡齊集一堂。他們的一些行為破壞性十足，也干擾了人們的日常生活，看了的確讓人觸目驚心，相信新加坡政府已引以為鑑。

當時有反對黨人就等著看政府如何處理外國示威者到來的情況。新加坡人本來就不能在自己國土上舉行抗議活動，如果讓外國人到這裡撒野搞破壞，豈不是對國民持雙重標準？

在會議展開之前，政府如臨大敵，在市中心將重要設施用籬笆重重圍起。由於不能禁止外國示威者到來，政府最終採取看來是策畫良久的妙計：只允許這些遠方來客在室內進行抗議活動。

不過，這是有附帶條件的。政府規定他們只能站在劃定的範圍內，而且不能使用任何利器。結果這些示威者就站在小小的範圍內，拿著寫有標語的紙牌和充氣鐵錘，像進行兒童表演一樣乖乖示威著。

那年之後，新加坡政府就大發慈悲，開放芳林公園，讓大家以後如果有不滿的話，可以在那裡示威「消消氣」。

剛開始時，人們要示威仍然必須向警方申請准證，現在政府表現得更有氣度一些，進一步放寬限制，取消申請准證的要求。

現在的芳林公園已經變成經常舉行集會的地點，舉辦過好幾次請願活動，以及「反對通過六百九十萬人口白皮書」示威。當時這場集會吸引五千人左右出席，算是相當不錯的反應。

不過至今在芳林公園舉行過最大的集會，不是反對這個、反對那個的政治活動，而是同性戀、跨性別團體籌辦的年度大型盛會。活動上，大家開開心心地在公園裡野餐、唱歌、跳舞，呈現出一片其樂融融的溫馨場面。

12 龍應台和林寶音

一旦要他們公開在媒體上發表意見，就會躲躲閃閃、噤若寒蟬。

台灣作家龍應台於一九九四年曾在台灣報章上發表過〈還好我不是新加坡人〉一文，文章開篇就給了新加坡讀者一記當頭棒喝：「我慶幸自己不是新加坡人」。其實那是一篇相當情緒化的文章。文中，她毫不掩飾心中對新加坡政府治國作風的不屑，以銳利的詞鋒抨擊新加坡政府老以「亞洲代言人」自居教訓西方。隨後，不贊成死刑的她更批評新加坡執行死刑（其實台灣也有死刑），以及政府管太多讓新加坡人沒有自由。

接著，她表示寧願為了保住自由與尊嚴，也不會想要「再高的經濟成長，再好的治安，再效率十足的政府」。

罵完新加坡政府也就算了，怎知她忽然把筆鋒一轉，轉到新加坡人頭上來：「什麼樣的人民有什麼樣的政府」。

文章被《聯合早報》轉載後，在新加坡掀起一陣波瀾，個個勇士提起筆捍衛祖國，對這位說三道四、傷害我們情感的外來者展開連番攻勢，直斥她對新加坡的了解過於片面。

現在回頭看這場風波，會覺得當時部分新加坡人的反應也跟文章一樣情緒化。難道我們第一次聽到關於言論自由受限的評語嗎？我們不也常聽到反對黨還有一些西方記者經常做出同樣的批評？

我想，大家之所以生氣，未必是因為不贊同她的某些觀點。恰恰相反，我們清楚得很，只不過我們也感到很無奈。可是這位外來人不但沒有給我們提供慰藉，反而以一種幸災樂禍的筆調把整個國家羞辱了一番，那很不是滋味啊。

不過話說回來，當時新加坡人的反應也不算特別。儘管我們把自己國家罵得比誰都難聽，但這些話要是從外人口中說出，那可要觸動大家的敏感神經了。不信？我們試試用同樣的口吻，再把標題裡的身分換一下，換成〈還好我不是馬來西亞人〉、〈還好我不是香港人〉、〈還好我不是台灣人〉、〈還好我不是大陸人〉，看會不會引起當地人民的公憤。

事隔九年，當二〇〇三年SARS「非典」疫情消除後不久，龍應台應《聯合早報》的邀請來新加坡演講。當時大家對她九年前的文章仍印象深刻，於是在場就有人請她再談談對新加坡的印象，看看她有沒有隨著時代的遷移而改變對我們的看法。

你看，新加坡人就是這麼奇怪，非常不喜歡別人對我們的批評，卻又十分在意他人的評語。

記得那一年，「非典」疫情剛在各地蔓延開來，鬧得人心惶惶，我們卻看到當時台灣領導人陳水扁對當地沒有發現疫情而感到沾沾自喜。但過不了多久，就傳出台灣爆發疫情，而且連醫院裡也出現感染的情況，整個台灣陷入恐慌當中。在電視上，我們看到台灣民眾爭搶口罩，還有人對著電視鏡頭痛罵政府處理不力。

那麼新加坡的情況呢？發生「非典」疫情的整段時期，我們在新加坡路上很少見到人們戴上口罩。你可以說新加坡人對政府的辦事能力很有信心，大家都覺得在危機時刻，新加坡政府最可靠。事實也證明，政府當時以十足的效率處理了這場危機。

龍應台顯然也這麼認為。

她在講座上就指出，新加坡的管理文化比台灣成熟。她舉了個例子：如果所住的酒店半夜發生火警，那她不希望自己在西安，也不希望在上海或台北，而是寧願自己在新加坡。

大家聽了感到一絲欣慰。

不過說了這麼多，她最後還是堅持自己一貫的立場：我還是不選擇新加坡。

這麼一說，又讓在場的觀眾倒抽一口氣，大家都豎起耳朵全神貫注地聽她接下來的解釋，氣氛還有點緊繃。

她表示，對一名以華文為媒介的文字工作者來說，她絕不可能選擇新加坡，而這裡也少了她所重視的自由空間。

相信這回是因為站在我們的國土上，也不想傷害在座新加坡粉絲的心，所以這次說的話語氣婉轉客氣許多，堅持自己的立場，也不得罪別人，真是皆大歡喜。

的確，對於一名以中文寫作的作家來說，在新加坡生活會是相當寂寞的事，這一點沒有人會否認。因為真正看懂中文書籍的新加坡人不是太多，所以如果龍應台是新加坡人，任由她的野火如何狂燒，也成不了燎原之勢。

我後來在二〇〇六年出席了她在香港舉行的《香港筆記》新書記者會。當時就有記者問她是否有必要向新加坡學習。她聽了不置可否，但仍以平和的語氣回答：「新加坡有什麼好學的？」雖然在記者會上她表示對新加坡的了解不多，不想加以批評，但是她還是那句話：新加坡管得太嚴了。可見她對於新加坡的印象和能不能用中文寫作，並沒有太大的關係。

說到此，我們就來談談另一位新加坡英文作家吧。

在一九九〇年代甚至進入到二十一世紀的頭十年裡，除非寫的是鬼故事或者一些低級趣味的內容，否則新加坡英文作家的書也很難大賣。對於喜歡評論政治的人來說，新加坡確實也沒有很大的自由空間。

記得在一九九〇年，李光耀卸下總理一職，吳作棟接棒後，就立刻表明要推行協商式的作風。話說得很誠懇，但大家還是對此感到半信半疑。

就在一九九四年，新加坡知名英文作家林寶音（Catherine Lim），就因為發表不合政府口味的評論文章而受到批評。

那時，她先後發表了兩篇政治評論。在第一篇文章中，她指出新加坡人感激人民行動黨為國家帶來經濟發展與成就，但人民對於該黨欠缺熱情，所以人民和政府之間存在著一個巨大的情感分歧。第二篇文章則寫道，已卸任的李光耀影響力仍籠罩著新政府。明眼人一看，就知道她含沙射影，暗指吳作棟沒有實權。

她的第一篇文章觀點到了今日仍然成立，而在當時更引起廣泛的關注，不過政府並沒有對此做出回應。第二篇文章一經發表，政府就有動作了。吳作棟馬上指出一國總理的威信不容破壞，並聲色俱厲地警告她，如果要發表政治評論，那就必須踏入政壇。

這一事件大家看在眼裡，也立刻戳破了我們對「協商作風」所抱持的任何幻想，而吳作棟的話也給新加坡人定下門檻：你要加入政壇才可評論政治，否則閉嘴。

當時看了吳作棟的回應，我的第一個反應就是認為，這個強勢的政府表現得太沒有氣度也太沒有自信了。那位作家只不過像《國王的新衣》裡的小孩那樣指出一個公開的祕密罷了。即使她真的有顛覆政府的意圖，在當時的氣候下，我想她也動員不了習慣安逸的大多數人來支持她，所以覺得政府小題大做。

再說，那些不滿政府治國方式的人，不是早已踏入政壇，加入了反對黨陣營了嗎？其中有幾名能言善道者，不是都因為觸犯了某些法律，而落得傾家蕩產或逃離海外的命運嗎？現在有多少人記得他們，或者在乎他們曾經說過的話？

這件事或多或少也讓新加坡人對政治採取避而遠之、明哲保身的態度。他們會在私底下向你發洩對政府的許多不滿情緒，但一旦要他們公開在媒體上發表意見，就會躲躲閃閃、噤若寒蟬。

我曾經訪問過一位老者。在採訪時，他滔滔不絕，說話時還口沫橫飛，甚至還說得七竅生煙。但是採訪完以後，我回到辦公室，就接到他的電話，要求我將某一段刪去，或者不要用某一段的內容。本來以為此人敢怒敢言，後來發現他不過是一隻縮頭烏龜。

至於其他普通的新加坡人，大家對這裡的政治環境是最清楚不過的了，反正一切事情由政府解決就好了，因為過問，只會引起不必要的麻煩。

但大家這麼做，是不是為了五斗米折腰，把我們的「自由」和「尊嚴」都拱手讓出了呢？這又回到本書在先前提到的一個問題：三餐溫飽 v.s. 言論自由，我們做何取捨？是「再高的經濟成長，再好的治安，再效率十足的政府」，還是龍應台所選擇的「那一點點個人自由與尊嚴」？

我相信以上這些都是可以共存的。我也始終相信，高效率的政府、表現強勁的經濟成長和良好的治安都非常重要，因為這些物質上的供應，能滿足我們做人的基本需求和基本尊嚴。

我也相信人民應該擁有更多表達意見的自由與權利，但我卻不認為有了謾罵政府、走上街頭示威的自由，就表示人們能活得更有尊嚴。因為即使有再多的自由去批評政府，但如果當官的都沒有效率，無論你怎麼喊破喉嚨，還是不會看到問題有解決的一天。這對人民來說不也是一種侮辱？

然而，我們也看到某些地方雖然施行民主制度，卻因為有人為了私利，利用它製造動盪，又或者兩派陣營對立水火不容，使整個國家癱瘓。看到這種政治混亂的局面，於是有些新加坡人就開始借題發揮，以此為例質疑民主制度的有效性。

以一些失敗的例子否定整個民主制度，只不過是因噎廢食的作法。世界上沒有完美的政治制度，我們只能繼續摸索前行，實現經濟成長與民主自由都可兼得的理想狀態。

13 我們是這樣變得優雅的

這些運動伴隨著我們成長，試圖塑造一種新的文化。

我在寬敞優雅的餐館裡閒坐，看著其他客人愉快地用餐，於是食指大動，站起身到自助餐飲區覓食。大家都不疾不徐，井然有序地排著隊，呈現出新加坡人最優雅的一面。

說到吃自助餐，以前新加坡人吃自助餐時都會發揮「怕輸」的本色。那時大概是一九八〇年代吧，國家的經濟發展快速上了軌道，非常具有競爭力，在各項世界排名中都爭取到第一，讓我們自豪無比。

然而，大家的生活水準雖然不斷提高，人們素質卻仍未和世界「接軌」，很多生活習慣還停留在相當「原始」的階段。

那個年代去吃自助餐，經常會看到一群貌似餓鬼的人，爭先恐後地來到餐飲區。不管能吃多少，他們總會瘋狂地把手上的空盤子塞得盆豐鉢滿方肯甘休。

小的時候還看過一篇報導，形容一些自助餐勇士令人不齒的行為。報導說，這些饕客為了吃回本，也不擔心造成腸胃破裂，拚命將食物往肚裡塞。當撐不住的時候，就會直奔洗手間，把肚子裡的食物全吐出來，過後又若無其事回到餐桌上繼續奮鬥。

不過隨著自助餐的餐飲形式越來越普遍，也由於媒體和旁人的批評與提醒，大家現在比較有自覺了，會稍微注意自己的行為，所以餓鬼現象已經比較少見。

在沒有一個強大統一的民族文化凝聚所有人民的情況下，媒體的宣導和官方所宣導的社會運動，就填補了這方面的空白。

記得在七〇和八〇年代，我們經歷過政府所發起的大大小小兩百多個公共教育運動，經常透過電視、電台節目，以及報章的報導學習我們所該具有的優雅行為。

這些公共教育包括「禮貌運動」、「清潔與綠化新加坡運動」、「反對隨地吐痰運動」、「吃冰凍豬肉運動」、「公路安全運動」、「生產力運動」、「改變飲食習慣運動」等一籮筐名目眾多的社會教育項目。

為了讓這些公民教育運動成功推行，政府除了透過柔性的宣傳手段，包括有獎比賽，也採用罰款、監禁、公開羞辱等強硬手段來確保人們好好地配合，不要阻撓政府創建理想家園的工作。這種方法背後的思維是，當問題出現了，改變不了人們的行為，處罰就是最快最有效的遏阻方式。

這些運動伴隨著我們成長，試圖塑造一種新的文化，讓它進入我們的意識，改變我們的行為和陋習。

可是如果你認為新加坡由於有很嚴厲的法律條規，因此會是一個很乾淨的地方，那麼你可能會感到很失望，因為要不是清潔工天天勤奮打掃，很多地方其實很髒。

私底下，當沒有人發現的時候，一些人就會做出反社會的叛逆行為，隨手亂扔垃圾或破壞環境，因為他們認為保持環境清潔是政府的責任。

立法處罰是一種冰冷的治理方式，雖然有效，但卻缺乏可以激起共鳴、觸動內心的情感因素。這也就造成大家的社會責任感和公民意識不強的現象，而對於自己所生長的環境，愛護與尊重之心也相當淡薄。

14 宗教的力量

> 每個信徒都堅持自己的信仰是最真實的。

法國啟蒙時代思想家、哲學家伏爾泰曾說過一句話：「即使沒有上帝，也要創造一位上帝。」是的，宗教信仰彌補人們心靈上的空虛，也可以支撐人生的方向，不過由於人類信仰的「上帝」或神明有太多版本，因此也造成人類自己設計的「眾神之戰」不斷在生活中上演，必須依靠世俗的力量才得以平息。

一、認識眾神

小時候，媽媽曾告訴我，在她生下我後，看到護士小姐抱著一個小孩過來，第一個反應不是「哎喲！我可愛的小天使喲！」，而是難以置信地驚呼：「哎喲！是不是抱錯了？」

我小時候長得很黑（現在也不白），一些同學還經常取笑我是「黑人牙膏」盒子上那個戴著帽子、露出一排亮晶晶白牙的黑人。

我應該是遺傳了我爸的基因，但奇怪的是，親戚們都不說我爸爸黑，反而常開我玩笑，說我是從垃圾桶裡撿來的馬來小孩，還常威脅我如果不聽話，就把我送還給馬來人。

正因為親戚們的「灌輸」，我小時候真的一直認為自己是被華人家庭領養的馬來小孩，所以常把爽身粉塗在身上、臉上，給自己漂白，希望他們不要把我「歸還」。

後來，有一回，一名親戚又開了同樣的玩笑，惹得我大哭起來，而且一發不可收拾。我媽被我的滿臉鼻涕眼淚搞得暈頭轉向，氣得把那位親戚痛罵了一頓，之後就再也沒有人敢對我開這種無聊的玩笑了。

在上學以前，我跟其他種族的朋友接觸不多，通常是從遠距離認識馬來人，只知道他們的語言、生活習慣和飲食文化都跟自己的不太一樣，因此產生了一層神祕感，對他們又害怕又好奇。

我家附近有一座回教堂（清真寺），偶爾會聽到裡頭傳出來的陣陣祈禱聲。由於回教堂不允許非信徒、特別是女性隨便進出，所以我總是像透過神祕面紗一樣，看著成群的馬來大叔們信步走進裡頭做禮拜。

我家人沒有任何宗教信仰，不過由於離我家不遠處還有一座基督教堂、一座天主教堂和一間小寺廟，裡頭舉行的各種不同宗教儀式，都引起我強烈的好奇心。每次經過不同的宗教場所，我還會按照不同宗教的需要做出相應的動作，像是雙手合十，或學天主教徒在胸前畫十字架手勢，希望得到眾神的保佑。

有一回，我看到其他同學脖子上戴著護身符項鍊，於是也想找一個來戴。後來不知道在哪裡撿來一個來歷不明的小神像，高興地用普通的縫衣線穿起來戴在自己身上。家人發現我戴上的這個東西後，立刻要我把它除下。我這才知道，原來神明還有善和惡的區別，可千萬不能隨便投靠，免得惹上更大的麻煩。

上了中學後，有一年耶誕節期間，我被家附近那座教堂的聖誕裝飾吸引，跑到裡頭參加禮拜，就這樣開啟自己信仰基督教的道路。在成長叛逆期，當同學們經常趁著週末跑去跳「迪斯可」或到滑輪場消磨時光，我則會泡在教會裡乖乖聽著牧師訓斥我們這些「罪人」，勸導我們向上帝祈求赦免，好讓自己死後有上天堂的機會。

不過期間我有一段時間脫離教會，跑到佛教社團，跟來自斯里蘭卡的學者和僧人學佛，還經常出席不同高僧主持的講座。

高僧談些什麼我就不多說了，就說說這個佛教社所在的地區。那是一個叫芽籠的地方，是聲色犬馬的紅燈區，也是一個熱鬧的美食天堂。但是，對佛教徒來說，那卻又是一個神廟和佛堂最集中的地方，是讓自己的心靈得到慰藉的清幽之處。

所以芽籠是個什麼樣的地方，就要看你走的是哪一條巷子，從什麼角度去看待它了。

二、宗教和諧

新加坡並沒有一個統一的國教，每個人都有選擇信仰的自由，而受政府承認的共有十大宗教：道教、佛教、伊斯蘭教、天主／基督教、興都教、錫克教、巴哈伊教、拜火教、耆那教、猶太教。

新加坡華人一般信仰的宗教，包括佛教、道教、天主／基督教。大部分馬來人都信仰伊斯蘭教，而印度人也和華人一樣有不同的宗教信仰，有的信仰興都教，有的信仰基督教，也有不少是印度穆斯林。至於巴哈伊教、拜火教、耆那教、猶太教，在新加坡則是少數人信仰的宗教，我對它們的習俗了解不多。

由於一九六〇年代發生過種族暴動，所以政府在處理種族和宗教問題時經常小心翼翼，如履薄冰，而我們也在日常生活中避免與不同宗教的信徒碰觸這個課題。這已成了大家維持社會和諧所接受的共識。

我想，在一個小島上要讓眾多信仰和不同種族共存，除了需要相互尊重外，也同樣需要一個堅持中立的政府來維持和諧。雖然大家都有信仰的自由，我們也必須接受宗教信仰在公共空間裡所須面對的限制。包括每個宗教信仰的活動都必須局限在自己宗教場所的範圍內，而政府官員也不會輕易突出自己的信仰傾向。

過去，我們向來認為宗教衝突只會發生在宗教與宗教之間，但我們後來也看到宗教原則與世俗原則對立的例子。

我不常看到有人為政治理念而起衝突，卻常遇到有人因為宗教信仰而翻臉的情形。有華族家庭因為孩子改信基督教或伊斯蘭教而失和，有穆斯林忽然改信其他宗教，而被整個族群排斥（穆斯林基本上不准脫離伊斯蘭）。每個信徒都堅持自己的信仰是最真實的，不容許他人破壞詆毀，這比捍衛國家領土疆界的意識更加強烈。

近來，不斷有一些基督教團體憑著他們對《聖經》經文的詮釋，以宗教教義為由，反對廢除英殖民時代遺留下來的《刑事法典》中第三七七A節條文。根據該項條文，兩名男子發生性行為屬於違法。

這一直是宗教與世俗價值觀無法相容的問題。一些公民組織在近幾年開始挑戰這條法律，認為它帶有歧視性，可是一些教會團體卻強烈反對條文的廢除，兩者至今仍僵持不下。

宗教信仰是很個人的選擇，然而當信徒們聚集在一起時，他們卻成為一個有能力對整個社會造成影響的群體。憑藉著自己的勢力，要求其他社會成員按照自己的價值觀做出改變，這種宗教的力量讓人生畏，所以我堅信宗教組織的影響力絕對不能凌駕於世俗政權之上。

三、眾神祝福之地

位於新加坡東部的勿洛蓄水池，曾有一個柏林紀念園區，安置四米高、五米寬的柏林圍牆。圍牆上繪有德國著名塗鴉高手考恩的作品——〈兩個國王〉。畫中，一個國王面露喜悅，那是在象徵自由；另一個則是蒙著眼的國王，無視人們的訴求。

圍牆自二〇〇八年落戶獅城，開始在這個蓄水池周圍展出，至二〇一三年底歸還美國石油大亨赫夫納（Hugh Hefner）。然而，勿洛蓄水池最為人所知的，並不是這面遠道而來、具有歷史意義的文物，而是因為這裡接二連三發生墜池案，似乎成為一些失魂落魄的人選擇輕生的地點。一連串不幸的事情發生後，讓人們害怕這一帶陰魂不散。

或許大家會認為，在現代化的新加坡社會裡，宗教沒有任何地位，但有些時候，我們卻需要宗教的力量來安撫大家焦慮不安的情緒。

曾任新加坡外交部長、同時也是勿洛選區議員的楊榮文，在二〇一一年五月大選中落敗後，成為該區的基層顧問。雖然退出政壇，但他仍非常關心勿洛集選區*的人民。

---

*「集選區」（Group Representation Constituency，GRC）。集選區團隊必須由同一個政黨派出的三至六人組成，而且必須擁有至少一名非華族候選人。候選人一對一的選區則稱為「單選區」（Single Member Constituency，SMC）。

在勿洛蓄水池接連發生自殺事件後，篤信天主教的他顯得憂心忡忡，於是召集八大宗教團體和其他居民到公園舉行聯合祈福儀式，為往生者禱告祈福。

說也奇怪，不知道是不是巧合，還是因為當局的防備措施做得充足，自從那場儀式舉行完畢之後，就不再聽到有接連墜池的事件發生。

除此之外，我們在其他歡快的場合中也能見到宗教的身影。

在一級方程式於新加坡站舉行之前，新加坡主辦者會特地邀請十大宗教代表到賽車道上舉行祈福儀式。只見代表們身穿宗教禮服，在賽道上一字排開，分別朗誦一段經文。

隨即，他們繞場一周繼續誦經，祈願老天爺賦予好天氣，並保佑賽車選手和工作人員的安全，讓賽事順順利利地進行。賽事在那麼多不同國家進行，新加坡應該是唯一進行祈福儀式的賽場。

還有呢，新加坡宗教聯誼會的宗教代表們也會為我們的武裝部隊軍旗祈福，祈願更高的守護者時刻保佑著我們的軍隊。

其實，無論是什麼宗教信仰，大家都有一個共同的願望，那就是得到上蒼的眷顧。我真的希望大家不要再去爭論誰所信仰的神明最真實，而是是共同祈禱，願眾神祝福我們，讓國家年年風調雨順、國泰民安！

15 快要死了還怕被罰

躲在電腦螢幕前的膽小新加坡人，又有多少個願意挺身當砸窗英雄呢？

我們害怕做錯事，也害怕自己偏離正軌，害怕成為引人關注的英雄，甚至死到臨頭，我們害怕的不是自己是上天堂還是下地獄，而是擔心接到執法當局發出的罰款通知。

二〇一一年底SMRT地鐵主要的南北線系統，在下班繁忙時間發生嚴重故障，中斷了五個小時。這是新加坡有史以來最嚴重的地鐵大癱瘓事故，造成一些地鐵列車被卡在隧道內動彈不得。由於故障發生時正好是下班尖峰期，因此當時每一班列車都載著滿滿的乘客。

故障發生後，數以千計的乘客被困在列車中超過一個小時，電流中斷，車廂內空氣非常不流通。不過多數乘客都還相當鎮定地等待列車服務恢復。然而等了許久，仍不見列車行駛，大家依然被卡在令人窒息的車廂裡。

被困在黑暗又悶熱的車廂時間久了，氣氛有些緊張，一些乘客也開始感到身體不適。遇到同樣情形，在其他國家可能已經出現騷動，或者有不滿的乘客開始搗毀車廂洩憤，但在這裡，大家卻是乖乖耐心等待。

就在這時，在其中一節車廂中，一名男子發現有人呼吸困難，妻子也感到不適，於是想要打開車門讓車廂通風。後來他在黑暗中摸到一具滅火器，在沒有人反對的情況下，他用力砸破玻璃窗。霎時，車廂內空氣流通許多。

車廂內的一名乘客用手機拍下滿地的玻璃碎片，並把照片傳給友人。照片隨即在社交媒體上迅速傳開，大家紛紛對砸窗男子的身分感到好奇，甚至將他視為英雄。

這名年輕的男子或許可以一舉成名，成為新加坡人的名人偶像，然後上電視、拍電影或為產品代言，發一筆橫財。但這位「英雄」卻選擇保持低調，始終不願透露姓名，也拒絕公開露面，並不斷強調自己不是要搞破壞，而是為了幫助大家，不得已才出此下策。他到底在害怕什麼呢？

一些在同一車廂的乘客，在接受媒體採訪時都力挺男子，表示他做了正確的事，希望他不會被懲罰。同樣的，在網路上，線民們都擔心這位英勇的男子會因為破壞車廂而受懲罰，紛紛替他說話。

即便是在事後的記者會上，男子會不會被罰的問題也被提了出來。公司發言人同樣跳脫不開罰款思維，回答：「男子不應該砸窗，而是應該鎮定地等待救援，但基於這次情況特殊，公司不會要求賠償。」

在政府過去幾十年的嚴加管制下，新加坡人已經形成非常典型的思維：死到臨頭了，大家不是挺身共同尋求解決方案，而是擔心這麼做會觸犯條例，可能會被罰款。

也正是因為害怕被罰，大家變得自主性不強，也害怕承擔責任，因為偏離規章做出不一樣的行為是一件冒險的事。

這是在罰款文化下培養出來的國民特性，一般人民因為對法律的恐懼，擔心挑戰制度將使自己失去原本舒適的生活，因此都會遵循一貫的辦事方式，不願意突出自我風格標新立異。然而這種自我束縛的思維，並不利於社會創意空間的發展。

難怪線民們都在網上呼籲，我們需要更多砸窗英雄改變社會，在危機時刻挺身而出，解救大家脫離困境。但是躲在電腦螢幕前的膽小新加坡人，又有多少個願意挺身當砸窗英雄呢？

16 我也想移民

> 我們曾經唱過的那些愛國歌曲，現在聽起來是如此虛偽空洞。

記得有一回在中學上華文課的時候，老師正講解某篇關於新加坡歷史的課文，忽然有感而發。他告訴我們，身為華人，新加坡是最好的居住地。

那一年是一九八九年，中國改革開放十年，經濟正在起飛，不少新加坡華人都為巨龍的甦醒感到高興。正當一切平順發展，那年卻發生了天安門事件，震驚全世界，也嚇壞了當時不少關心中國、心中仍有中國情結的新加坡華人。

老師感慨地說，有些新加坡人一直以為外國的月亮比較圓，紛紛移民海外，但你能移民到哪裡去呢？作為華人，你去馬來西亞、印尼會被排斥，到美國或澳洲會被白人歧視，你會成為二等公民。去中國大陸嗎？你看看那裡局勢多麼不穩定，你敢去嗎？可能比較理想的是台灣和香港，可是香港最後會歸還中國，而台灣在國際上不算是一個國家。作為華人，大家還是乖乖留在新加坡吧。

大家聽了老師的話，若有所思地點點頭，慶幸自己身在新加坡。

八〇年代末的新加坡經濟迅猛發展，在經濟領域已經取得卓越的成就。課本上還告訴我們，新加坡得天獨厚，地理位置優越，而且是東南亞的中心。

那時我們建成世界最高的酒店，筆直的建築傲然矗立，高調地向鄰國展示我們高不可攀的成就。那時國家正興建環繞全島的地鐵系統，而我們的海港和機場都在世界排名上榮登榜首。

那時候，有不少人從鄰國來這裡求學、謀生。在新加坡、馬來西亞關卡附近的新加坡學校甚至有不少馬來西亞學生，他們每天起早摸黑搭校車過境來新加坡上學。

那時候，我們周圍也出現不少香港人，他們都是因為擔心一九九七年香港回歸中國後的前景，而舉家移民到這裡。

看！我們是人人嚮往的居住地，還有比這裡更完美的地方嗎？

那時候，國家也製作一首首愛國歌曲，讓大家在週會上學習、齊聲高唱。這些歌曲沒有「捍衛祖國」、「打倒敵人」的宣傳調調，更像琅琅上口的流行歌曲。

歌曲中的主角不是國家，而是「我們」。如〈Count on me, Singapore〉（依靠我吧，新加坡）的開頭第一句就唱到「We have a vision for tomorrow, just believe, just believe……」（我們對明天有一個願景，只要相信，只要相信……）

還有〈We are Singapore〉（我們是新加坡）中的副歌，更讓大家感到亢奮，還差點落淚：「This is my country, this is my flag. This is my future, this is my life. This is my family, these are my friends……」（這是我的國家，這是我的國旗；這是我的未來，這是我的人生；這是我的家人，這些是我的朋友。）

那時候，一句一句的歌詞強烈地激盪著我們年輕的心。處在青春期的我們就像朝陽一樣，充滿了活力，對國家、對未來充滿無限的希望。

然而，二十多年後，國家快要五十歲了。在人生中，三十而立，五十知天命，但新加坡從建國後一路走來，走到了五十歲，卻邁入前總理吳作棟所說的「中年危機」。我們顯得疲憊，無法再樣樣爭奪到第一，也失去想要樣樣得第一的鬥志。

在這同時，鄰國經濟正在蓬勃發展，也爭相建起一座又一座聳入雲霄、而且設計更前衛的摩天大樓。中國經濟崛起帶來的競爭，讓我們深感焦慮。

我們曾經唱過的那些愛國歌曲，現在聽起來是如此虛偽空洞。當時怎麼會如此天真地認為，國家的願景跟我們的願景是一致的呢？而一個強勢的政府又怎麼會需要依靠你我呢？

到了今天，不少新加坡人對前途感到悲觀，希望移民到其他地方去。真的很遺憾，我們過去所想像的未來，與今天擺在我們眼前的現實原來有這麼大的落差。

第二部分

17 二〇一一

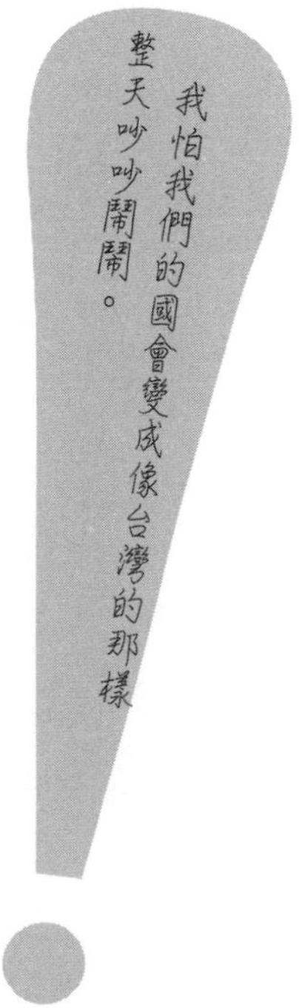
我怕我們的國會變成像台灣的那樣
整天吵吵鬧鬧。

二〇一一年是一個有趣的年分。

在這一年裡，我們似乎看到一個不同於以往的政治氛圍，經歷一場有別於以往的選舉，而這一年接連發生的變化，也為接下來的社會氛圍定下新的基調。

國家獨立至今已經走過將近半個世紀，或許是因為我們這一代人集體與國家一起步入中年，讓我們紛紛對這片因迅速變化而感到陌生的土地開始進行思考，時而沉浸在對過去的緬懷之中，時而沉溺在對未來的不安與恐懼之中。

1. 書裡的朋友們

寫到這裡，想換個方式加入一些人物，來繼續我的敘述。讓我介紹將在接下來幾章出現的幾個朋友吧。

小雪：我的小學同學，現在在一所私立大學擔任小職員。

K：過去在某個場合認識的朋友。最近失業，對政府極為不滿。

文文：公務員，政府政策的忠實支持者。

瑪麗：我們的馬來西亞朋友，十九歲到新加坡念書，畢業之後繼續留在這裡工作。

傑森：已婚小男人，繼承父親的家庭生意。

邁克：年輕藝術家。

2. 聚餐

新加坡在二〇一一年和二〇一三年間舉行了四場大大小小的選舉，一場是二〇一一年五月國會選舉，三個月後舉行總統選舉，隔年五月和二〇一三年一月先後舉行補選。前面兩場為全國選舉，後兩場則在國會議席懸空後的選區內進行。這四場選舉讓新加坡本來沉悶的政治風景熱鬧起來，也打破執政多年的人民行動黨永遠屹立不倒的神話。

在國會選舉投票日前幾天，我和朋友們下班之後相約聚餐。

我們通常都會在市中心的餐館用餐，不過這天因為其中一個朋友K剛失業，手頭不寬裕，所以建議在某個組屋區樓下的露天咖啡店用餐。對我們來說都無所謂，我們也很喜歡咖啡店烹調的本地美食，而且價格便宜，地方寬敞，不失為聚餐的好地方。

我們一群人找到了一張圓桌坐下後，開始看著菜單點餐。所謂萬事起頭難，每一次聚餐，好不容易找到座位舒服地坐下，準備享受佳肴飽餐一頓，接下來的第一個挑戰就是點菜。我們總是優柔寡斷，害怕做出錯誤的選擇，點了難以下嚥的的菜肴，所以大家總拿不定主意。經常在這個時候最希望有人作主，幫我們決定好了。

「請問這裡什麼是最好吃的？」還是問問站在餐桌旁、手拿著點菜單等候已久的服務員吧。

「我們有很多選擇，有肉有青菜，樣樣都好吃，那要看你們喜歡什麼了。」

真是廢話。就好像金融機構裡所謂的理財專家向你推銷產品，在進行投資前，你就是要聽他的意見，他卻搬出很多規章條目，保護自己免得被指責誤導顧客，結果你聽完還是一頭霧水，做不了決定。

看著大家在菜單上前前後後、上上下下，像在研究通書那樣一遍又一遍地蹙眉認真閱讀，服務員有些不耐煩，終於幫我們出主意了。

「我們有套餐。你們五個人可以點六人套餐，有苦瓜湯、有清炒芥蘭，還有鐵板豆腐、蜜汁排骨等，很划算而且都很好吃。」

大家端詳了套餐的選擇。我已餓得饑腸轆轆，覺得套餐已幫我們完成思考的工作，為我們做好選擇，本想贊同服務員的建議好了，怎知有人不喜歡苦瓜湯，有人又嫌套餐選擇不靈活，而且五個人點六人份並不划算……

我肚子咕嚕咕嚕叫著，急得快掀桌子了。

「我們當中唯一的男性做決定吧！」我提議把決定我們幸福的責任推給傑森。他跟我們是老同學，妻子這週出差不在家，無聊地答應跟我們四個單身女子出來用餐。

傑森尷尬地笑著，反問：「你們想吃什麼？」唉，不是我要挑剔新加坡男人啊，有時候真的覺得他們少了點氣魄。

終於，失業的K建議每個人負責點一樣自己愛吃的菜，自己打頭陣先點了一爐咖哩魚頭。啟動了分擔風險的點菜機制後，其他人也都選了一道菜，當有人提出相反意見，大家再做出調整。如此過了大約二十分鐘，我們的民主點菜過程終於宣告完畢。

在等待上菜的同時大家開始閒聊。

遠處依稀聽到反對黨舉行競選群眾大會的慷慨陳詞，但咖啡店裡人聲鼎沸，完全聽不清演講內容，唯一可以肯定的是他們一定在痛罵政府。五年一次，只有在這個時候廣開言論，當然要抓緊機會來批評一番。

我們這幾個星國人，哦，還有一個馬國友人瑪麗，一般聚在一起都是話家常，談的是工作事業、假期準備到哪裡旅遊、誰跟誰拍拖了、誰家的狗生病了之類的閒話，話題很少會涉及政治。但這晚可能是受到氛圍的影響，而且這次的競選八卦特別多，尤其網路上的討論更是精彩，每個人都有自己一套獨到的見解，像是全民私底下開講，個個儼然成了政治分析師。這種情形在過去沒有網路的風平浪靜的時代裡非常少見。

其中一人站了起來，拿起勺子從我們點的一大鍋咖哩魚頭裡盛了半碗咖哩汁，一邊澆在盤裡的白飯上，一邊說：「這一屆PAP的候選人看起來沒有什麼特別。」不知道朋友所謂的「特別」指的是什麼，但來不及問，話題一開，大家七嘴八舌開始對各派人馬評頭品足。

就在選舉提名日之前，人民行動黨分批透過媒體介紹新的候選人。我們都知道行動黨選人標準嚴格，都必須是高學歷、安分守己的已婚專業人士，最好有兩、三個孩子，這樣才與國家推行的生育政策一致，成為國家制度下成功培養出來的楷模，而且「修身齊家治國平天下」嘛，把家庭事業打理好，才有資格領導人民。你看前法國總統沙柯吉那樣不好好處理國家大事，還被記者拍到跟女朋友調情，這種行為在新加坡可不得了。

每一屆大選介紹人民行動黨的候選人，都不會有什麼驚喜，這次也不例外，不是專科醫生，就是在著名律師所賺大錢的大律師，個個都「已婚，育有兩／三名子女」。有些外形還真不錯，唉，條件這麼優，真可惜都成家立業了，剩女們無望了。

傑森喝了一口啤酒說：「最受不了那個跺腳的，舉止很不成熟，都不知道怎會被PAP選上。我猜啊，PAP應該是找不到更好的人選了。」大家噗嗤笑了起來，紛紛擺起V字手勢裝可愛。那是跺腳候選人的招牌動作。

傑森提到的是行動黨推出的年輕美眉。行動黨也知道要推出一些特別的人選，來顯示自己與時俱進，以爭取年輕選票，於是這次就招募了一位年輕姑娘陳佩玲加入競選團隊。不過人家已婚，丈夫在總理公署任職，是高薪公務員。

大家對社會上貧富懸殊的問題，還有這些居高臨下的政府精英早有不滿，可是這個二十來歲、有些不食人間煙火的候選人，卻似乎缺乏對社會的敏感度。在一次訪談中，被問及一生中最遺憾的事是什麼時，她竟然回答「無法陪父母到環球影城玩」，最後還在訪談中跺腳撒嬌，讓人看了直搖頭。

視頻被人放上網後被線民們瘋傳，可憐的她一夜之間成了被攻擊的焦點，拿來證明行動黨的精英養尊處優，完全無法體會人民的疾苦。新加坡多少低收入工友連聖淘沙都沒法去，怎麼還會想到買票進環球影城消磨時光？此外，這也反映了這些候選人似乎對競選和從政生涯沒有太充分的準備。

後來，也不知道是哪個線民在社交媒體上搜出了她的幾張舊照，照片中她開心地拿著老公送的名牌包包，對著鏡頭做出V字手勢。原本看來無傷大雅的生活照，現在變成了最破壞形象的行為，也說明網路媒體處處是陷阱，一不小心就被揭瘡疤，成為對自己不利的工具，而她的V字手勢就變成她的代表動作。

在吳作棟帶領的集選區團隊助選下，陳佩玲順利進入國會，她後來在國會上倒是很積極地表現自己，也很努力地在選區內為人民服務，但是稚氣未脫的她總是讓人覺得少了生活的磨練。

相比之下，過去兩屆反對黨人選更多元化，有在學歷和工作履歷上可與行動黨人選相提並論的國際人才，也有在公司裡上班的普通職員，以及正在念研究所的碩士生，而且線民們對反對黨人選接受度更大。

記得二〇〇六年的那次選舉，工人黨派出由六名初出茅廬的年輕人組成的團隊，挑戰總理李顯龍的選區，其中一人還是經營夜店的美女。這絕對不是行動黨典型的人才。當時民眾對政府的怨氣已經在醞釀，是不是典型標準的人才，對該區選民來說似乎不太重要，甚至在競選大會上，該美女站上講台演講，台下有男觀眾就不停地吹著口哨。結果，李顯龍團隊並沒有如大家所預期的以八〇%高票取勝，反而只得到六六%的選票。

是的，新加坡政治開始趨向娛樂化，當然最低限度是大家都會期待候選人有一定的學歷和正當的職業，但除此之外，大家也開始注重候選人的包裝，他們的長相、髮型、穿著等，他們是否具有魄力、有沒有幽默感，是否懂得逗選民開心等整體形象，也成了人們評頭品足的焦點。

行動黨也試圖與選民拉近一些距離，因此在介紹這些精英的時候，總會補上一段描述候選人貧苦童年歲月的文字，而且形容得越悲慘越好，讓大家知道他們嘗過人生疾苦，能體會貧困人民的感受。

不過從人們對其他行動黨候選人的評語看來，這年頭要是穿上那身白衣白褲，非得要有一定的勇氣才能招架得住人們的惡言相待。過去，你支持反對黨，通常要小心翼翼不露痕跡；但現在好像風水輪流轉，每當有人在網路上發表支援行動黨的言論，總要被線民們群起攻擊一番，而在公開場合表現得太親行動黨，也會引來旁人的猜疑，認為你是黨內人士或是間諜，要不就是被行動黨蒙蔽！

大家聊得興致勃勃，談到投票日會支持哪一黨，一直保持沉默的文文開口小聲替行動黨辯護：「PAP沒有那麼差吧。」說完，每個人難以置信地瞪了她一眼，似乎馬上把她列為公敵。她發現氣氛不對，沒再說下去，繼續靜靜地喝著冰涼的啤酒。

文文大學畢業後就一直在政府機構的政策部門裡工作，個性總是冷冷的，向來沒見過她大喜大怒，有時我們還懷疑她是不是政府的耳目，在她面前說話是不是該小心些。

沉靜了一會兒，一直在一旁靜靜聽著我們對話的馬國友人瑪麗開口了：「你們的政府比我們的好很多，很有效率，不明白你們為什麼那麼多怨言？」

瑪麗來自馬來西亞半島南部最靠近新加坡的柔佛州，在新加坡求學和工作已經有十五年了。她就跟成千上萬在新加坡生活的馬來西亞人一樣，不提的話，根本不會察覺她不是本地人。

到新加坡之前，瑪麗念完高中，考了非常優異的成績，但不被馬來西亞的國立大學錄取。她氣憤地轉而申請新加坡的大學，不但被錄取，還得到了一份新加坡政府提供的獎學金，於是義無反顧地告別了家鄉。

「我們政府領的薪水比你們的高出很多，而且還稱自己是世界級政府。領那麼高的薪水，花納稅人那麼多錢，我們當然對他們有更高的要求了。」K解釋。

瑪麗也不甘示弱說：「要是能讓我們的政府變得跟你們政府一樣有效率，對我們華人更公平一些，付一百萬也是值得的。」

這一幕有些滑稽，一個外國人在為我們的政府抱不平，我們則努力地痛批自己的政府。這應該是人之常情，我們往往對自己生長的地方有諸多不滿和抱怨，或許這也是愛之深責之切的表現，我還沒遇到哪個國家的人民向我表示對自己的政府感到十分滿意的。但如果把情況反過來，我們批評瑪麗的國家，或瑪麗直接取笑我們的制度，這可要引起一場兩國國民的大戰了。

剛才把跺腳小姐罵得最凶的傑森也湊上一嘴，無奈地表示會把票投給行動黨。大家一聽差點沒摔倒在地：「有沒有搞錯啊？你不是對PAP一堆怨言嗎？」

他解釋不是因為認同行動黨的綱領，而是因為自己在經營家族生意，跟行動黨的基層組織經常有聯繫，也承包許多政府的工程，所以要小心免得得罪客戶。

「我們也有很多不滿，但是沒辦法，為了我們的生意要投他們一票。瑪麗都說了，我們的政府很有效率，我也相信如此，所以要查誰投反對票的話，一定查得到的。」

他指的是投票卡片上印有的編號，他是擔心那是政府用來追查誰投反對票的方式。儘管政府和反對黨一再強調選舉保密、選舉程序嚴格，但還是有一部分人像傑森那樣擔心會因為投反對票而被盯上，所以即使不支持執政黨，也不敢在投票卡片上表現出來。

「我應該會投反對黨，但是怕我們的國會變成像台灣的那樣整天吵吵鬧鬧，我不喜歡。」另一個朋友小雪也是心有不滿，但對於該如何選擇感到困惑。

如果拿新加坡國會開會的情形和其他一些地方比較，你就會明白小雪的意思了。我們國會辯論的方式非常沉悶，每個部長和議員發言總是一問一答，個個循規蹈矩，更多時候比較像問答時間而不是辯論，電視鏡頭有時候會拍到某些部長或議員在打瞌睡。

你看，在場的人都想打盹了，更何況是看的人，更覺得乏味之至了。但我們都習慣了這種「辯論」方式，當我們看到其他地方有政治人物因意見相左而起衝突，這反而令新加坡人感到害怕。

其實如果對民主制度不了解，光看西方街頭示威抗議，大家都會認為民主帶來的就是亂象。不說歐美國家，每當台灣議會上演鐵公雞*，我們的媒體就像是看熱鬧那樣大肆報導。你看，女的互相拉扯頭髮扭打成一團，男的拳打腳踢，這些畫面一遍一遍在我們眼前重複著，就會感覺台灣是個亂糟糟的地方，並認為那是民主自由放縱的結果。

這時失業的K不知道是不是酒喝多了，毫無顧忌脫口而出：「I hate the PAP！」（我恨人民行動黨！）

我們一桌人看到滿臉通紅的她這麼大聲公開自己的政治傾向，感到有些震驚，連忙叫她小聲點：「你想死啊，講得那麼大聲不怕政府盯住你！」小雪笑著說。

我們望了望周圍，希望沒有便衣員警，只見隔壁桌的幾個大叔望了過來，舉起酒杯對我們笑了笑，我們才放下心來。

從事資訊科技的K，被公司裁員後一直找不到工作，所以心情非常差。後來終於有一次被選中面試，興高采烈去應徵，卻在等候廳裡驚訝地發現多數申請者來自印度，覺得自己更像身處異鄉。她踏進面試的會議室，發現三名負責招聘的主管中，兩個是印度人，一個是中國人，覺得自己的機會渺茫，也印證了她過去的觀察——外國主管都會拉攏自己人。

果然，那家公司後來聘請的也是來自印度的印度人。本來對行動黨打開門戶歡迎外來人口的政策有意見的K，在親身遭遇這種情況後，更是憤慨難平。

K皺著眉頭，壓低聲量說：「你看，連生個政府的氣都要小心翼翼怕說錯話，生活

＊編按：鐵公雞是清末著名的武打戲曲劇目，引申為大打出手。

在這種社會裡有意思嗎？」

確實很沒意思，但每個人都習以為常了。有點認命的小雪說：「沒辦法啦，我們能怎樣？做自己的事，過自己的生活就好，其他不要管太多就不會有麻煩了。」

K像在進行競選演講那樣開始口若懸河，越說越激動：「你怕國會變得亂糟糟，難道你不怕PAP壟斷，他們什麼都自己說了算，根本不必經過你的同意？你表達意見都要害怕，整天畏首畏尾，你喜歡這樣的環境嗎？」

「可是反對黨也沒有提出什麼新的意見，我們不應該為反對而反對，這樣是很情緒化的。」此時文文心有不甘，終於又開口了，和緩的語氣壓抑著一絲不悅。

「你真的研究過反對黨的綱領嗎？而且很多資料和數據都掌握在你們這些人的手中，要真正提出新的對策，你以為那麼容易？我們的國會要有反對的聲音，不能讓行動黨精英為所欲為！」K也不甘示弱地反駁道。

「你怎麼不加入反對黨，我會考慮投你一票。」文文雖然面帶笑容，但話中帶著挑釁意味。

我們擔心這場討論火藥味越來越濃，趕緊轉移話題談天氣。大家談完天氣搭不上話，又靜默了一會兒。這時遠處的群眾大會場地傳來大會司儀的聲音，宣布散會向大家道晚安。

過去的幾屆競選群眾大會我都出席過，覺得很有氣氛很熱鬧，於是提議大家一起出席選舉日前的最後一場大會。除了文文還有經營家族生意的朋友，K和小雪都興致勃勃舉手表示有興趣出席。

見文文默默無語，我提議不然也去看看人民行動黨的大會，可一下就被K潑了冷水：「連李顯龍的兒子都覺得行動黨的大會沉悶，你還要去看？」

K指的是二〇〇六年競選期間，總理李顯龍問兒子到什麼地方去了，兒子說跟朋友去看反對黨的競選大會，因為反對黨的集會比較熱鬧。

那倒也是，過去五年裡，幾乎天天在報紙、電視媒體上看到人民行動黨議員和部長的臉孔，聽他們的訓誡、治國理念什麼的，為什麼還要在這個時候聽他們的觀點？

文文終於開口說：「如果我需要投票的話，我其實不介意跟你們去聽，不過我住在李光耀的選區，這次又沒有反對黨來競選，所以我那區行動黨已經勝了。不是我不想給反對黨機會，是反對黨沒有給我們投票的機會，所以出席這些大會對我來說也不過是浪費時間。」

過去多屆選舉中，一些行動黨的選區在未展開競選之前已經宣告勝利，其原因就是在集選區制度下，反對黨無法召集足夠人數組成五至六人的團隊迎戰，因此放棄競爭，轉戰其他單人選區。

然而，二〇一一年卻出現不同的情況，反對黨派出人馬攻占所有選區，讓行動黨面對前所未有的危機。不過根據報導，挑戰李光耀選區的反對黨候選人，在提名日當天沒有按時遞交文件，結果失去競選資格，李光耀的團隊再一次不戰而勝，輕鬆進入國會。

集選區制度一直為人詬病，被批評是行動黨為保持優勢所發明的制度，因為只要哪一區取勝，就馬上能獲得五、六個議席。過去多屆競選中，行動黨多個集選區在不戰而勝的情況下，讓多名候選人在沒有經歷民主選舉的洗禮下輕鬆進入國會，多少讓人覺得這些議員沒有具備真正的戰鬥力。

不過反對黨也學精明了，認識到要挑戰制度，採取過激的手法只會適得其反。所以，必須按照既定的遊戲規則，以其人之道還治其人之身，成功奪下一個集選區，讓行動黨自食其果才是明智之舉。因此在此次大選中，各反對黨在所有選區都紛紛部署人馬讓大家做出選擇。就這樣，這一屆選舉成為新加坡獨立以來最熱鬧、最有氣氛的一次。

酒足飯飽，相約好去看反對黨的群眾大會後，可能除了心裡不舒坦的文文之外，大家都興高采烈地各自回家去了。

3. 那一夜，我們去看群眾大會

外國朋友到新加坡來，如果正好是在競選期間，可不要錯過出席競選大會，看看新加坡式的競選拜票活動。

不過，我們很難告訴你什麼時候舉行選舉。有人說過，人家美國舉行選舉，選舉日期老早就讓大家知道，可是不到最後一分鐘，不會有人知道結果。新加坡的大選呢，還沒展開前，大家都知道結果，可是不到最後一分鐘，沒有人會知道選舉日期在哪一天。

我們的競選拜票活動也只限九天時間，在這九天裡，人民行動黨群眾大會的出席者往往不如反對黨多，場面冷清已經成為網路話題。競選期間，曾在youtube視頻網站上看到一個片段——某集選區的人民行動黨基層組織領袖，在群眾大會之前召集許多大叔大嬸，並安排巴士把他們送到體育館充數，還免費提供晚餐。當然不排除這當中有些是忠實支持者，而場面冷清也不能完全說明什麼，因為也有一些選民是像文文和傑森那樣不出席任何大會，只在背後默默支持。

反觀反對黨的集會，更多的出席者是在毫無組織的情況下出席。這也是選民在短短九天競選活動中認識反對黨候選人的唯一機會。

最後一場反對黨群眾大會舉行的那一晚，我和K還有小雪先約在附近的熟食中心用餐，飽餐一頓後才漫步走向會場。我們以為已提早到達，可以站在靠近講台的地方，怎知遠遠一望，整個足球場已經是萬頭攢動，通往大會的路上只見長長的人龍。

走到了會場，發現那裡有黨員和志願者在售賣黨旗、黨報、印有黨徽的雨傘等周邊商品，為該黨籌款。黨報我是不愛看的，反正就是介紹黨員們在社區裡做了什麼好事善舉，內容四平八穩，不會有什麼聳動的內容或其他內幕消息。雨傘呢，又太大了不方便攜帶，也就不買了。最後我掏出一元買了一面旗子湊熱鬧，還可以邊聽演講邊揮動，感覺好像去聽哪個大牌歌星的演唱會。

大會司儀以高亢的語氣歡迎大家前來，然後介紹演講者的名字。

我曾經在二〇〇六年出席過工人黨的一場大會，當時的候選人劉程強詞鋒銳利，指斥人民行動黨的承諾不足信，呼籲人們不要輕易把自己的權利拱手交託給他們。

他說：「真正的民主是由人民自己作主……」

他停頓了一下，台下一片寂靜等著他接下去。

「人民行動黨的所謂民主……是『為人民作主』！」說完台下觀眾閧然大笑，群眾裡也聽到一些噓聲。

幾年前的畫面至今記憶猶新。而五年後的劉程強詞鋒不減當年，反而更添銳氣。

他在競選大會上答謝選民的支持，然後進而闡述該黨的理念，隨後抨擊行動黨在組屋翻新工程的安排上對其他反對黨選區不公平的作法，並劍指行動黨的任人唯賢論，直言其拙劣手段「才是不道德的」。

人們對政府一再使用翻新為誘餌的作法早有不滿，在兩屆大選以前，已經有呼聲希望政府不要把組屋翻新和競選掛鉤，但執政精英仍一意孤行，以為最了解人民的心聲，堅持自認英明的作法。

我問K和小雪：「你們會不會因為所居住的組屋區老舊，迫切需要翻新，而不敢投反對黨？」

K沾沾自喜地回答：「我的組屋區已經獲得翻新，可以無後顧之憂投反對黨。」

小雪的組屋區還沒進行翻新，她困擾地皺著眉頭，聳了聳肩說：「我真不知道。真的是兩難選擇！你呢？」

我住的組屋區還比較新，暫時還不需要翻新。

「可是如果你的組屋區需要翻新呢？不翻新的話，組屋價格上不去。」小雪追問。

「我……」我遲疑了一會兒。我這才發現自己也是物質主義者，站在金錢面前，也會表現得沒骨氣。

「那就……等翻新完了再投反對黨吧！哈哈。」我心虛地回答。或許也正是因為有我這種選民，政客們才會不斷重複使用連我們都看不順眼的競選方式。

4. 等著懺悔！

這次工人黨團隊來勢洶洶，準備攻下與後港選區比鄰的阿裕尼集選區。集選區由六人組成，反對黨一旦攻下，就能一次讓六名成員進入國會。

在二〇〇六年大選中，由前外交部長楊榮文帶隊的阿裕尼集選區得票率剛過一半，二〇一一年該區選情告急。於是李光耀出面助選，希望挽救局面，並亮出他一貫義正詞嚴的作風，警告選民如果把票投給反對黨，該區的組屋價格將會因為管理不良而急速滑落，人們將必須為自己犯下的錯誤懺悔。

或許李光耀還不知道民眾普遍不滿情緒高漲，也未意識到自己正面的影響力已經迅速下降。當他說出這番話之後，大家的反感程度飆升。

我當時還天真地希望該區組屋售價猛跌，這樣我就可以用便宜的價格買下那裡的組屋。不過到現在，兩年多過去了，並未聽聞有哪裡的組屋價格跌入谷底的消息，所以那一區選民應該都不需要懺悔。

晚上十點整，各位候選人演講完畢，司儀準時宣布大會結束，他們都沒有趁著出席者聽完演講情緒沸騰而繼續鼓動大家，而大家也井然有序地走出會場，不少人邊走邊揮舞著黨旗，還有一些人繼續高談闊論批評執政黨。或許人們已經心裡有數，決定好星期六選舉日當天該把票投給誰了。

我們三人一同走出會場，只見一群人意猶未盡地聚集在場外敲著手鼓，很有節奏感地連聲喊著：「Down with PAP! down with PAP!」（人民行動黨下台！人民行動黨下台！）引來大家圍觀參與，場面也跟著激動起來。K看了也樂得跟隨節奏拍掌，我和小雪呵呵笑著，想把整個畫面拍攝下來。

這些都是我們平常看不到的場面，即使看得到，也只是屬於小眾的範圍，因為你絕對不會在報紙、電視上看到木訥而怯懦的新加坡人宣洩政治情緒的一面。

這時，在場的兩個員警見勢不妙，鎮定地朝人群走來。我們趕忙收起手機，慌張地勸K停止鼓掌。儘管覺得掃興，K還是收拾心情乖乖離開。

「你看，連表達情緒也不可以，討不討厭？」K氣呼呼地說道。我和小雪都沒應她，我們都已經習慣壓抑自己的情緒，也將之視為常態了，反而會對這種情緒發洩的行為感到不知所措。

我們來時浩浩蕩蕩，離開時也浩浩蕩蕩，有節奏感的鼓聲和掌聲不斷在我耳際縈繞。

在馬路旁，交警在指揮交通。一些車子緩慢駛過，車前擋風鏡旁插著反對黨的小黨旗，當車子跑動，小旗子便隨風飄揚起來。一些路人豎起大拇指或搖擺手上的黨旗，向車裡的人示意。除了國慶慶典，這應該是一部分新加坡人展現團結精神的時候了吧！

5. 總理李顯龍的道歉

看到反對黨幾乎每一場競選群眾大會都聲勢浩大，以及網路上排山倒海的負面情緒，應該可以探測到選情有些危急了。李光耀的懺悔論一出口更一發不可收拾，總理李顯龍終於敏銳察覺形勢不妙，於是在投票前夕出面向選民道歉。

只見他將手舉起放在胸膛上，為過去政府做得不足的地方誠懇地向人民道歉。他重複地說：「We are sorry.」（我們感到抱歉），並承諾選舉後將會糾正問題。

演講的時候，他眼淚似乎奪眶而出，我真是看傻了眼，不僅如此，他還親口承認父親李光耀的治理方式不合時宜，讓人聽了目瞪口呆。而在那幾天的競選活動中，執政黨團隊也不時強調自己是人民的公僕，試圖展現柔性和謙卑的形象，表現十足的誠意。

6. 那一天，我們投下了一票

大家都知道K去投票了，因為她在網上向天下宣布自己的行蹤。她這回這麼寫道：

二〇一一年五月七日。星期六。晴。

這天是新加坡國會選舉投票日。我睡到自然醒，用過了豐盛的早餐，喝了一大杯濃濃的咖啡，精神飽滿，昂首闊步走向家附近的投票站。

上一屆大選中，我因為有些恐懼，所以戰戰兢兢投了張支持票。

這次，我決定不再浪費紙張。

我踏進投票站後，選舉官員禮貌地遞給了我一張投票卡片。卡片上有兩個選擇，一個是人民行動黨的閃電標誌，另一個是小鐵錘，那是挑戰者工人黨的黨徽。

我緊捏著卡片，腳步堅定地邁向用高高的木板間隔開來的角落，把卡片穩妥地放在桌板上，拿起原子筆，清楚無誤地看準競選兩黨的標誌。

閃電的符號像是衝著你來，像在威嚇著你，有隨時可以把你劈死的威力。那真的很嚇人。五年一次。我們五年一次才能真正表達我們的內心想法，浪費了這次機會，又要再等待五年。

我不管人家說政府會查得出誰投反對票的謠言是不是真的，都說了投票程序是公正的，我就選擇相信這點。

我看準了目標，在格子內狠狠地畫了個×……

洋洋灑灑寫了那麼多，雖然沒寫明投誰一票，但大家已經猜到她心中所屬。這則留言吸引了上百個讚，還有一堆互相開罵的留言：

・哈哈哈，我知道你投誰了！
・小心我去告密！
・我也跟你一樣畫了個×！
・PAP萬歲！
・樓上的，你這麼支持PAP，去死吧！
・打倒PAP！

・打倒反對黨！

・PAP出賣了新加坡人，只有眼睛糊了××才會投他們！

留言一則比一則激烈，汙言穢語滿天飛，真不知道K從哪裡認識了那麼多牛鬼蛇神。

7. 大選後……

大選結束了，過去都交出漂亮成績單的人民行動黨，雖然仍獲得絕大部分議席，但這次只得到六〇%的選票，而且失去了一個集選區。

李光耀曾說過，人民行動黨也會有落選的一天。不過我覺得在十年內還不至於如此，但是現在的人民行動黨議員沒有那麼好當，倒是一個事實。

大選成績揭曉後，我問小雪把票投給了誰。小雪本來顧左右而言他，不過最後不好意思地承認自己把票投給了行動黨。

我和K聽了都很吃驚。她不是在最後一場群眾大會上表現得鐵了心會投反對票嗎？我們問她為什麼，她說自己住在李顯龍總理的選區，而選區的組屋還未進行翻新，她擔心老媽媽行動不便，需要電梯出入，所以不得已投了行動黨一票。

她見我和K不置可否的表情，繼續解釋：「我那區的反對黨陣容不強，總不能為反對而反對。況且李顯龍也低聲下氣向人民道歉了，那天早上他還在我家附近地鐵站親自拉票，我還跟他握了手……就給他一個機會吧！」

K搖搖頭長嘆了一聲說：「你中了他的圈套！」

小雪聳了聳肩回答：「我不知道他是不是在博取同情票，但他是總理，如果總理落選，新加坡不是群龍無首？那我們怎麼辦？我很擔心國家會變得亂糟糟的。」

小雪這麼一問，倒讓我和K愣了一會兒。大家都只一味表達不滿，沒預想過真的發生政權動搖的話，我們怎麼應對。不少人雖然心存不滿，但應該還沒做好心理準備接受行動黨全軍覆沒的局面，畢竟多數人也只想拿選票嚇嚇它，並不是真的對它恨之入骨。

新加坡的政治向來穩定，連領導人的交接也早就預備好了。過去李光耀把總理棒交給吳作棟，之後吳作棟交給李顯龍。李顯龍早前也透露自己在物色下一屆總理人選，看來權力移交過程都安排妥當，根本無須人民太過操心。所以如果總理敗選，國家不就會陣腳大亂？這種情形實在無法想像！

K在平板電腦上搜尋了新加坡國會體制，然後告訴我們：「放心，如果總理輸了選舉無法進入國會，國會內閣會再選出適合擔任總理的人選。」

小雪想了想說：「不過你看看國會裡那些部長，有哪一個適合做總理的？即使是反對黨，你覺得他們能勝任領導國家的任務嗎？」

K聽了嗆聲回答：「你沒給其他人機會，你怎麼知道？就是因為有你們這些怕死的人，新加坡才永遠不會有真正的民主！」

K真是一針見血，新加坡不都是怕死的一群嗎？我們要的只是風平浪靜的生活，以及為我們打點一切的政府，偶爾讓我們發發牢騷宣洩一點不滿。

說穿了，其實我們都沒做好心理準備，甚至可能還比行動黨更害怕改朝換代。充其量，我們只是希望拿反對黨的聲勢來嚇唬行動黨，希望他們不要太過驕傲自滿。

如此而已。

8. 罩著我們的那把傘

我有一把傘。那是好多年前在一個百貨商場花了十塊錢買的一把黑色的傘，撐開後看起來很酷。

其實我很少把傘拿出來用，經常把它放在包裡，連下雨了也懶得拿出來，因為組屋區裡都建了有蓋走廊，連天橋都有遮蓋。在晴天，不須打傘就可以避開猛烈的陽光，雨天裡不撐傘，也不必擔心風雨來襲被淋濕，甚至連從一座組屋到另一座組屋之間短短的距離也有遮擋。有了這麼周到的設計，我還需要從包裡掏出我那把傘嗎？

我不記得建設這些頂蓋建築是政府呼應人們的需求，還是因為對人民關懷備至，體貼人們飽受日晒雨淋之苦而主動增加的遮擋設施。無論什麼原因，我們已經習慣有遮擋和保護。一旦人們走在路上，發現頭頂上少了遮蓋而被雨淋濕，可就要開始埋怨政府了。

新加坡人民和政府之間有一種微妙的關係。一方面，大家抱怨政府管得太多，另一方面，卻樣樣事情都指望它的幫助，生活中不能沒有它。政府呢？一方面希望人民不要太依靠它，另一方面卻什麼事都得安排得妥貼周到，害怕放手了，天下就大亂。

那把小黑傘我用了好幾年，漸漸地跟它產生了感情，即便是到國外居住也要把它裝進行李箱，帶到異鄉跟我一起生活。

還好我帶上它，因為到了香港後，發現那裡並沒有有蓋走廊，經常需要把小黑傘拿出來使用。也就是在香港的時候，小黑傘生平第一次遇到了風暴。那時颳著颱風，強風一掃，「啪」的一聲，它「骨折」了。不過幸好傘骨沒完全彎曲，還能繼續使用。雖然再也擋不了風，卻能繼續為我遮細雨。

後來有一年，我去倫敦旅遊，仍然把傘帶在身邊。倫敦同樣也沒有有蓋走廊，人們必須為自己的命運負責。那時，我撐著小黑傘到某家餐館用餐。酒足飯飽後雨已停，我踏出餐館繼續自己的行程。

可是倫敦濕冷的天氣陰晴不定，這會兒大太陽，下一秒氣溫驟降，一天裡彷彿換了四個季節。正當我漫步到歌劇院的時候，臉上感覺到雨珠從天而降。抬頭一望，天又再次倉促任性地下起雨來。

我立即把手伸進包裡，準備掏出與我相依為命的小黑傘，卻發現它並沒有乖乖躺在溫暖的背包裡頭，才想起我把它落在餐館裡忘了帶走。

接受了失去小黑傘的事實後，自己在沒有庇護的情況下一路走到目的地，偶爾走在大廈樓下停歇，以為雨勢會轉小。但駐足多時，老天並沒有停雨的跡象，最後只能硬著頭皮走出大廈的庇佑，單薄地冒雨前行。

到達目的地時，自己已全身濕透，冷得哆嗦著，頭髮還扁塌塌地貼著頭顱，黏到臉上，十分狼狽不堪。

當時心裡咒罵著英國政府為何不向新加坡政府學習體恤人民，多建一些有蓋走廊。我不知道其他被雨淋濕的英國人和外國人是否有同樣的想法。

9. 尋找原貌館

這天適逢假日，我、小雪還有K決定一起北上，到瑪麗在麻坡的家玩。麻坡是馬來西亞南部柔佛州的一個小地方，離麻六甲不遠，開車的話大概需要兩個多小時。

決定去麻坡玩，是有一回我們在牛車水逛了「原貌館」後所興起的念頭。

牛車水是早期華人南來後的聚集地，就跟西方國家的唐人街一樣，當初因為這裡有載水的牛車，所以才叫作「牛車水」。在新加坡城市化過程中，牛車水的舊式矮樓經過整修和粉刷所幸得到了保留，變成專門售賣旅遊紀念品吸引遊客光顧的商鋪。以實物再現早期移民生活的小小展館「原貌館」就坐落於此，我們聽說裡頭保存完好，於是買了門票進去參觀。

過去在國家建設中，我們忙於現代化，把很多舊有的、傳統的東西都丟棄了。但當這些東西消失了以後，我們才發現它們的價值，於是急忙地興建紀念館或仿製物品，呼籲年輕一代勿忘國家的歷史。

跨步踏進展館，環顧四壁，我們認真地閱讀著貼在牆上密密麻麻的介紹文字，像欣賞奇珍異品那樣細細端詳著不同的擺設。這時，瑪麗卻「噗嗤」了一聲，按捺不住大笑起來，打破了館內的寧靜。我們還以為她看到什麼好笑的東西被點了笑穴，盯著她看了許久。她吸進一口氣，忍著笑說：「我要告訴我阿嬤……」。

她忍得臉快漲紅了：「我阿嬤家就是這個樣子的……這樣也可以做博物館，我阿嬤家也可以開放給遊客參觀收取門票了……」說完又忍不住爆笑了出來，感覺好誇張。我和小雪兩人互相望了一眼，無言以對。最後還是小雪建議約好一天跟瑪麗一起回她老家，參觀她阿嬤的「原貌館」。

到了新柔長堤，順利過了關卡後，我們就踏出國門了。瑪麗就在關卡外不遠處的路旁等候我們。她開著哥哥的日本轎車，準備載我們到麻坡去。

瑪麗很喜歡開車，但由於新加坡的汽車價格太昂貴，而且她認為自己畢竟是過客，無須在異鄉擁有太多資產和負資產，所以堅持不買車。

在車上，她告訴我們她家有兩輛車，這讓我們羨慕不已。她邊開車邊做了一項簡單的比較，最後得出結論：「在新加坡買一輛新車，我可以在馬來西亞買好幾輛呢！」

她說在新加坡交通方便，以公共交通工具代步，根本沒有買車的必要。不過她也調侃了一句：「新加坡地方就那麼小，道路又擁擠，我看啊，踩煞車的時間要比踩油門的時間還多。」

她的這番話跟馬來西亞前首相馬哈迪的「在新加坡開法拉利，不到一下就會掉進海裡」的戲謔說法如出一轍。

不過，儘管我們有地鐵和巴士服務，交通設施相對彼岸方便得多，但要到偏遠的地方，有一輛車還是比較自由的，況且在道路上擁有一個屬於自己的私人空間，那也是不少新加坡人追逐的物質夢想。但如果你的薪資沒有翻倍增長，這個夢想並不容易實現。

你要買一輛車，除了汽車本身的價格外，你還要再支付一大筆費用申請一紙「擁車證」，也就是Certificate of Entitlement，簡稱COE。在英文裡，entitlement有「資格」和「權利」的意思，所以要出得起錢擁有這份證件，才有資格擁有一輛汽車。

這個制度在一九九〇年開始實施，目的是透過提高費用，減少公路上的車輛數目，也就是希望透過天價讓那些想買車的人卻步。不過到了今天，我們公路上的車輛未見減少反而增加，看來有大筆閒錢沒處花的人還真不少。

這其實反映了新加坡執政者的思維：錢能夠解決問題，只要你有錢，你想擁有幾輛車子都行。所以一些富裕家庭擁有三、四輛車子，普通人家卻一車難求。在現今貧富差距問題加劇的情況下，那些開著豪華車的貴族和出入以車代步的政府精英、官員們，與那些在擁擠的地鐵上相互爭奪站立空間的地鐵族，就變成兩個對立的群體。

在二〇一一年五月大選前後，大眾運輸成了競選課題，一些反對黨議員和行動黨議員都搖身變成地鐵一族，爭相搭乘公共交通工具，以顯示自己了解民眾的通勤之苦。

開了兩個多小時的車，我們經過筆直的高速公路，然後進入蜿蜒的小路，最後終於到達瑪麗的家鄉。那裡沒有高樓大廈，到處都是一排排的矮屋。

我們踏進她阿嬤的家，發現裡頭的擺設和格局真的與牛車水的原貌館非常相似，也像麻六甲的老屋。不過阿嬤家屋內採光比較好，而且富有生活氣息，可謂活生生的原貌館！我和小雪深深吸了一口氣，她的阿嬤真的可以向旅客收費了。

參觀完阿嬤家，瑪麗繼續開著車帶我們四處觀光，途中經過她的母校中化中學，那是一所華人創辦的獨立中學，具有悠久的歷史。聽瑪麗介紹，目前的校長還是個物理博士，曾任職於美國宇航局（NASA，美國太空總署），在那裡從事研究工作。

「哇，是精英！現在回來一個小地方，豈不是大材小用？或者他是獎學金得主，出於無奈必須回來履行合約啊？」小雪好奇地問。

「應該不是吧。是的話也是因為他本身成績優秀而獲得大學頒發的獎學金，不大可能是國家給的。」

瑪麗停頓了一下，視線專注在路上。車輛轉了個彎後，她繼續說：「在馬來西亞，作為華人，你不能指望國家會給你什麼。你認為你很優秀，你是精英，你就必須為自己找一片天空，找出一條屬於自己的路來證明你的能力。我們不像新加坡人，也無法像你們一樣什麼事情都依靠政府，連精英也要政府來保護。」

聽了瑪麗的話，我和小雪不知道該為自己身為新加坡華人，能在自己國家裡擁有相對平等的發揮空間感到驕傲，還是該為我們擁有的「凡事靠政府」的思維感到慚愧。

想了想，小雪說：「其實也不完全正確，政府非常照顧精英，因為國家的發展需要他們；但一般普通人，並沒有得到特殊待遇，都要靠自己的努力往上爬，而且還需要跟你們這些外來人才競爭呢。」

瑪麗笑了笑，終於發現身為馬來西亞人的優點：「是啊，要成為馬來西亞公民可不容易呢，所以我還是喜歡到新加坡打工，賺了錢回馬來西亞花這樣的安排。」

這句話聽了讓人感到不自在，本來想嗆一句：「誰想成為你們的公民啊！」但還是把話吞了回去。瑪麗見我和小雪默不作聲，猜到我們可能因為她的話感到不舒服，急忙補上一句來安慰我們：「不過說真的，如果馬來西亞的發展也跟新加坡一樣，我們也不必那樣奔波。有誰喜歡離鄉背井呢？所以你們還是很幸福的。」

10. 是告別的時候了

幾個月後，我們再次見面，但不是在咖啡店，也不在高級餐館裡，而是在小雪八十歲祖母的喪禮上。我們幾個跟小雪交情較深的朋友們準備了一筆白金（奠儀），相約去弔唁，也希望給小雪一點精神上的支持。

喪禮在她祖母居住的組屋樓下舉行，踏進那一區，許多回憶有如投影在螢幕上的影像一樣呈現在我的眼前。

阿婆住的這一區，曾經是我小時候度過大部分童年時光的組屋區。不過我居住的那座二房式租賃組屋已拆了，之後政府在原地建了更大、更高、設計更漂亮的五房式組屋。周圍的面貌已失去了原樣，我童年愛玩的鞦韆，也早已跟著那座被拆掉的組屋走進我朦朧的記憶裡。

我彷彿聽見福建大嬸歇斯底里的喊叫聲：「夭壽仔！回來吃飯啊……」

又好像看見廣東大叔在組屋樓下的座位上翹起腿，嘴裡叼根菸，滿臉愁容的樣子。

我有時候會夢見自己一個人在走廊上跑著。每一戶人家已搬離，而父母搬家時竟忘了把我帶上，留下我一個人在空蕩蕩的走廊上徘徊。醒來時發現只是虛驚一場。不過在現實生活中，大家已經搬離，可是上一代人卻還留在走廊上。

以前小的時候，小雪的父母外出工作，白天都由祖母照顧。那時候我跟阿婆家住得很近，經常到他們家找小雪玩耍，也跟阿婆很熟。

阿婆跟我一樣是客家人，她見我會說幾句客家話，經常買些糖果和零食給我吃。小雪則不太會說客家話，因為她媽媽是潮州人，父母很多時候都是以潮州話、客家話、華語交替使用，所以小雪跟她祖母說話的時候也是一樣多語摻雜。

後來小雪的父母把孩子接回家，不再由祖母照顧，我也不再經常看到阿婆了，只是偶爾在陪媽媽上菜市場或超市的時候會碰見她。

再後來社會變遷，大家都開始少用方言，我也不再說客家話了。若干年後的自己已上了中學，有一次回到舊組屋區時湊巧碰到她，發現她的背比以前更駝了，頭髮也花白稀疏了，低著頭在寂寞的路上緩慢前行。

我用華語向她打了聲招呼，她也和藹地以剛學會的華語回應，眼神流露出了一絲光芒。不過我並未駐足，匆忙地趕往下一個目的地，頭也不回地直奔充滿陽光的未來。

歲月蹉跎，轉瞬已二十多年。

再一次見到阿婆，卻是許多許多年後的這一天。我放緩腳步不再追逐那遙不可及的晨光，而是想好好享受朝陽的溫暖；但盛年不會重來，一日難再晨。阿婆也在這個世界上停下了腳步，與世長辭。

我們在傍晚來到阿婆的組屋樓下，偌大的公共空間已經搭好靈篷，把守喪處圍了起來，白色的棺木停放在篷中央，讓親友瞻仰阿婆的遺容。家人請來的和尚在靈前專注地為阿婆誦經超渡，口中喃喃念著誦經文，還一邊輕輕搖動著手中的法鈴。

其他不相識的陌生人經過這裡，見有人辦喪事，擔心沾染晦氣，也可能是害怕對逝者不敬，都會刻意避開此處往另一條路繞去，盡量不打擾喪家。

小雪穿著白色襯衫、黑色長褲，上前迎接我們。她的雙眼浮腫，一臉憔悴，看得出她過去兩晚都沒睡好。熬過這一夜，明早出殯後她就可以好好休息了。

我們走到靈柩前，深深鞠了三次躬。靈前擺著阿婆生前拍的一張照片，嘴角淺淺的笑容，和藹又慈祥地凝固在快門按下的那一瞬間。

我腦海裡閃過二十多年前在街上碰到阿婆的那一幕，想到了她落寞的眼神和孤單的身影，心裡湧起一陣傷感。我害怕自己控制不住眼淚，沒有隨朋友繼續往棺木端詳阿婆的遺容，而是站在一旁等候。

禮畢，小雪帶我們到一處坐下，端了幾包飲料還有一碟花生給我們，感謝我們過來陪她。說時，眼眶濕潤。她後悔沒有在祖母生前多抽空去探望她，多陪她說說話。

「我以前小的時候一直覺得說客家話很土，後來就不愛跟婆婆說話，也不常去她家找她。」小雪百感交集，有些哽咽地說著。

我們啜著飲料，剝著花生殼，靜靜聽著小雪的傾訴。有人說著安慰的話，有人給了小雪一個擁抱。那是感同身受的感慨與哀嘆。當我們決定停止不斷追逐捉摸不定的未來，想要好好品味當下的時候，我們卻發現內心深處原來留下了不少因為錯過所造成的傷痛與惆悵。

守喪處擺了十張圓桌，都坐滿了人，多數是阿婆孩子們的朋友和同事。大家有說有笑，氣氛相當熱鬧，還有一桌人在一角搓麻將。華人辦喪禮，家人心中儘管哀傷，但總是喜歡熱熱鬧鬧陪亡人。如果子孫滿堂的阿婆還在世，應該很喜歡這一刻熱鬧的氣氛吧。

阿婆的幾個孫子孫女坐在一旁，大家年紀小小但都像書呆子一樣戴著一副眼鏡，低著頭全神貫注地玩著手機，也不理會旁人。他們時而用英語大聲呼叫，激動地宣布自己的勝利；時而轉身向隔壁的親戚哭訴自己被手機程式打敗了。

這是把時間和生命傾注在虛擬世界裡的一代，看不出他們對阿婆的懷念，也看不出他們臉上的一絲感傷。二十年後，當他們回想今日，是否會為當初錯過了身邊的人和沿途景色而感到萬分遺憾呢？我想，阿婆應該不會明白這些孩子們著迷電玩的原因，更因為無法用英語跟他們溝通，而永遠無法進入他們的世界。

阿婆這一代人離去了，也一併帶走當初造成國家語言環境複雜混亂的方言。大家都說英語了，一切都變得很純粹、很直接，沒有必要再對語言政策做出什麼爭論。

組屋前面的停車場站著兩位身穿制服的稽查人員，正在仔細查看每一輛車子上是否放上了停車固本（註：一種付費的停車票券）。我們隔壁桌的客人見狀連忙起身，準備衝向停車場。那兩位馬來稽查員見是喪家的賓客，也連忙舉起手向我們示意，表示不會追究，然後轉身向另一個停車場走去，準備給那些願意花幾十萬元買車，卻不願意付幾塊錢停車費的車主開罰單。

客人們看著那兩人走遠，因為逃過罰款都鬆了一口氣，也慶幸自己的車可以免費停泊一個晚上。這可是我們國家少有的可以免費停車的時候，真是可遇不可求。

這時來了四個人，在阿婆靈前鞠躬。他們大約五、六十歲，穿著整齊，面容祥和。小雪暫離座位上前去招呼，與他們互相寒暄了一會兒。回到座位，小雪說他們是附近客家教會的牧師和教友，過來為阿婆祈禱。聽了，我們都覺得不可思議。

跟許多新加坡的老人家一樣，阿婆說不上是虔誠的佛教徒，但過去拜的是佛祖和觀音娘娘，每逢初一、十五都會燒香拜拜。

小雪念中學的時候，因為跟朋友們上教堂而被父母責罵，阿婆也認為信奉洋教大逆不道，不支持小雪的行為，這讓小雪很生氣，向我抱怨家人限制自己的信仰自由。處在叛逆青春期的小雪不顧家人反對，經常手裡捧著一本厚厚的《聖經》偷偷上教堂，有時還拉了我一起去。不過她長大後，對基督教漸漸失去興趣，我也不再收到她去教堂做禮拜的邀請了。

所以大家都覺得奇怪，怎麼一向對「洋教」沒有好感的阿婆會上教堂，而這時喪禮怎麼又以佛教儀式進行呢？

小雪也覺得很滑稽，呵呵笑了起來，為哀傷的情緒增添了一點喜氣。原來半年前阿婆在一次偶然的情況下參加了教會的客家禮拜，之後就每個星期天準時出門到教堂去唱唱歌，聽聽講道。家人見她每次回來後心情都很愉快，看來應該是在教會裡找到許多同鄉，所以覺得很開心，也就不多問關於她信仰選擇的問題了。

不過阿婆沒來得及告訴家人該以何種形式為自己送別，就先走一步了。當教會的朋友們得知阿婆過世，連忙聯絡阿婆的長子，並通知他阿婆已經改信基督教，詢問是否要用基督教儀式為阿婆送終。篤信佛教的長子愣了一下，或許在哀傷中只希望以自己最熟悉的方式告別母親，最終還是選擇以佛教喪禮送她最後一程。教會牧師和其他教友身為外人，只能尊重阿婆親屬的決定。

小雪本身沒有任何信仰，對叔叔的安排沒有任何想法。對她來說，喪禮畢竟只是一個儀式，只要能讓老人家有尊嚴地離開人世，什麼形式都是可以接受的。我點頭贊同，心想著，對已離開身軀的靈魂來說，活著的人如何為自己送別或許已不重要，而接回亡靈的浩瀚宇宙的主宰，應該也不會拘泥於人類作繭自縛的各種形式吧。

神情肅穆的牧師和教友們在靈前默默祈禱著，穿著袈裟的和尚繼續為阿婆誦經祈福。大家的願望都相同，都希望往生者遠赴一個更美好的地方。

天堂和極樂世界應該長得差不多吧？那應該是一個讓可愛的天使們無憂無慮地在雲朵中自由飛翔的地方。那裡應該沒有黑暗不再有哀傷。又或者那是一片朵朵蓮花盛開、沒有生老病死的淨土。

無論是天堂還是極樂世界，我想那都是同樣快樂的地方。在那裡，應該不會有語言溝通的問題，阿婆應該不會再感到寂寞、不會再感到孤單。在那裡，俯瞰人世間，大概覺得芸芸眾生所執著的一切都很可笑。

18 他們說，後李光耀時代開始了

一個事事精打細算的政府，所培養出來的人民也同樣懂得事事精打細算。

二〇一一年發生一連串我們從未料想得到的政治變化，對新加坡來說真的是相當特別的一年。

這次的選舉，反對黨打破了集選區永遠無法攻破的神話，打敗了前外交部長帶領的團隊，奪下了位於東部的阿裕尼集選區。

不過人民行動黨依然保住大多數席位，仍然是一黨獨大的局面。儘管網路上和周圍不滿政府的情緒高漲，儘管有人認為選舉委員會應該是一個獨立於政府的機構，儘管有人批評集選區制度的偏頗，但各方最終還是接受了選舉的結果。畢竟支持人民行動黨的國民大有人在，所以雖然得票率下滑，行動黨獲勝並不足為奇。

或許不少人也會像小雪一樣，為總理李顯龍沒有丟掉工作、社會大體上仍保持原樣而鬆了一口氣。

不過在選舉結果造成的震盪還未真正平息的時候，國會就公布了消息：李光耀資政與第二任總理以及一些部長都退出了內閣。李光耀和吳作棟表示，這樣做是為了給「年輕的一代」領導新加坡的機會。

從那一天起，我們就不時聽到「後李光耀時代」一詞。到底李光耀時代什麼時候結束，其實還沒有一定的說法。

李光耀在一九九〇年退下總理職務，照理說，後李光耀時代就應該從那時算起。不過由於他卸任後在內閣擔任資政，仍活躍於政壇，所說的話舉足輕重，所以在他完全退出內閣前的二十一年間（一九九〇—二〇一一），仍然可稱為李光耀時代。

又有一種觀點認為，一個時代的結束必須從某個領袖離世之後算起，或者在其影響力完全消失後才開始。

李光耀曾經坦言，他完全退出內閣後已經不再過問政事，除非是自己對某個政策有強烈感覺（例如方言政策，因為他堅持在這方面國家不能開倒車），否則不會輕易提出意見。從這番話看來，李光耀在新加坡政策上所發揮的影響力已微乎其微。

同時，因為他身體狀況欠佳，我們後來也很少見他在公開場合露面，所以在此我就籠統把他退出內閣後的時間稱為「後李光耀時代」。

1. 理想的反對黨人選形象

在「後李光耀時代」拉開帷幕後，我們又迎來另外三次選舉：一次是總統選舉，另外兩次是補選。在這些選舉中，我們不再看到李光耀的身影，他也不再對選舉做出任何公開的評論。

國會選舉三個月後，新加坡緊接著又舉行六年一次的總統選舉，大夥兒又有機會投票了。

過去的總統選舉中，由政府委派的候選人，總是在沒有對手或對手相對低調的情況下成為總統。大家幾乎也都認為總統的工作只是出席公益活動，或者和外國使節握手，不必進行國會辯論，也不必絞盡腦汁策畫國家政策，感覺這是一份上天降下來的優差。

然而這次候選人卻多達四名，除了政府心屬的候選人前副總理陳慶炎外，另外三人也都曾與人民行動黨有密切的關係。其中陳清木醫師曾是人民行動黨國會議員，陳如斯曾是前總理吳作棟的祕書，而另一位候選人陳欽亮曾是人民行動黨黨員。

這是一個需要經常保持新鮮感，才能抓住大家注意力的快節奏時代，但政府似乎還未能即時對時代的需求做出調整，以帶給大家一些驚喜。

當政府公布陳慶炎博士為人選後，K馬上就在臉書上大呼：「又是一張熟悉的臉孔，好悶啊！」

K好像是在投選偶像似的，一直希望從投票過程中得到刺激。不過說實在的，這年頭貼上「人民行動黨陣營」的標籤，已經不再是票房保證。

陳慶炎博士在一九七九年開始加入國會擔任議員，這三十年來，先後擔任財政部長、教育部長、國防部長和副總理等要職，曝光率過高，因此大家對他完全不陌生。

然而，正所謂「親不尊，熟生蔑」。在渴求不同聲音和不同觀點的時代，因為太過熟悉而變得乏味，反而是一個不利因素。因為在他還沒開口之前，大家都已經知道他所持的立場了，又何須花時間聽下去？而既然總統一職是禮儀性質的，也是掌握國家儲備金的「第二把鑰匙」，負責看管儲備金以確保不被濫用，那麼人們就認為更應該找一個與人民行動黨保持距離的人選。

至於另外三名候選人，雖然也有人民行動黨的背景，但畢竟早已脫離，而且轉而挑戰有「純」背景的陳慶炎，他們的加入，有如為政治氣氛注入一股新鮮空氣。

跟國會選舉一樣，總統競選活動也只有九天的時間。各候選人必須抓緊機會爭取支持。在那九天裡，大家短兵相接，各自亮出殺手鐧，過程簡直比國會辯論還精彩。

九天激烈的拜票活動結束後，大家票選出最心儀的總統人選。工作人員漏夜計票，氣氛緊張，最後塵埃落定。陳慶炎博士以三五．一九%微弱優勢勝出，以不太漂亮的成績當選為新加坡第七任總統，而他與陳清木的選票差距不到二%。得知結果後，不少朋友都很後悔當初沒有集中選票，把手頭上的一票投給陳清木，但木已成舟，大家只好接受事實。

個別候選人的選舉策略和失敗的原因，我就不在此贅述，但想提一提大部分新加坡人心目中的模範反對黨議員的形象。

我們常在電視上看到國外的政客挑戰最高元首，但這種畫面絕對不會出現在新加坡的媒體上，一來是大家都沒吃過豹子膽，不敢這麼做；另一個原因是，即使有人這麼做，也只會招來反感。

有一回我在台灣度假，當時正好爆發食品安全危機，我打開電視，看到行政院長江宜樺正面對一名立委的質問。那位女立委以高八度的嗓音連環炮似的逼問他是否在該問題上處理不當，並要求他道歉。面對對方咄咄逼人的態勢，江宜樺始終保持鎮定，也沒有露出一絲不悅的神情，很有耐心地回答對方的提問，他的沉穩表現不得不讓人佩服。

在政府威信不容損害和挑戰的新加坡，這種情況當然不可能發生，但假使發生，不知道有多少位部長能應對自如。不過，即使無法應對也沒關係，因為這些驚弓之鳥會得到大家的同情，而以對峙態度挑戰權威的那一方，反而會被認為對領導人不敬，遭到大家的譴責。

相信這是因為大家都有相當強烈的階級觀念，也已經習慣了甚至在維護這種秩序。

所以大家心目中理想的反對黨人選，其實也跟人民行動黨議員的形象相差不太遠，必須都是一板一眼的風格，絕對不能太標新立異，或讓人覺得太反叛。

先前提到的總統候選人之一陳如斯，他的言行正是有些出格，所以他在形象上就被打了折扣。無論在競選活動上或是網路電視對話上，他都過於積極批評和反駁，讓不少新加坡選民認為他太偏激。大家都害怕選了他之後，他會在政治場合上做出令人尷尬的舉動，也擔心他會把整個國家鬧得雞犬不寧。

這位候選人最終也只獲得二五％的選票。從這個例子來看，哪個有識之士希望代表反對黨挑戰政府，就必須先做好市場調查，調整作風以迎合大家所能接受的程度，這樣或許還有一些勝算。

此外，競選中必須避開「民主」、「人權」和「言論自由」這些讓新加坡人感到很空泛、無法引起共鳴的字眼。在大多數新加坡人的認知裡，這些都是「社會混亂」的代名詞。哪個候選人以這些概念為競選口號，想要贏得民心進入國會，那簡直比愚公移山還難。

2.又多了一個「聰明人」

文文最近升官了，被機構委任為部門主管，調派到上海辦事處工作三年。她前陣子到上海熟悉環境，把即將搬入的豪華新家的每個角落還有外頭的風景都拍了下來，放到臉書上向大家展示她即將迎接的新生活。

週末快到了，我打了個電話給K，約她和幾個朋友出來聚餐，為文文送行。

「文文真是幸運啊。」K有些酸溜溜地說道。

「人家在機構工作了這麼多年，公司也很重用她嘛。」

其實K應該知道文文是以時間和精力換來她現在的職位的。文文曾經向我們抱怨，她在公司裡工作了十年，仍只是一個小經理，可是一個獎學金得主在沒幾年時間內就升作她的上司。

雖然內心極為不滿，她還是接受了這樣的制度，繼續安分地在公司裡上班。

「是啊，她這個人性格就冷冷的，生氣了也不作聲，更不會反抗，特別適合當公務員，說不定她以後還會被PAP選上出來競選呢。」

「你自己現在不也是公務員，一直在花我們納稅人的錢？」

「你怎麼可以拿我跟她相提並論？我可是政府移民政策的受害者！要不是政府來者不拒，讓全世界有能力、沒能力的人都湧到新加坡來，擠爆我們的就業市場，我會找不到私人企業的工作嗎？也只有在公家單位才略有機會，但你看看政府機構裡也有不少外國人。其他國家都會保護自己的國民，新加坡政府就只會出賣我們新加坡人！我不管了，到了二〇一六年的大選，我還是不會投他們的！」每次談到就業問題，K就會義憤填膺。

K已經找到工作，在政府部門裡做事，而且是在她之前憎惡的某個管理局上班。不過按她的解釋，她的任務只是確保機構的電腦系統正常操作，不涉及監管的工作。

她開始上班後，也少見到她在臉書上貼文發牢騷，或轉發網站上批評政府政策的文章了。看來她的生活應該過得相當舒適，所以牢騷也少了，二來可能也是害怕被上司發現自己反政府的不良態度，所以謹言慎行。不過，當我們一見面談起政策的課題，她就馬上怒火中燒。

「好啦，別氣啦，星期六見了面再暢所欲言吧！」

K嘿嘿地笑了笑，提議到較高級的餐館用餐，替文文餞行。呵！人家已經找到工作，腰包鼓鼓，可不再兩袖清風了。

「看來你現在的薪水不錯噢，花得起錢了，你應當感謝政府啊！」說完有點後悔添油加醋，因為這又給了K開罵的理由。

正當她又準備炮轟時，我散布了一下恐怖情緒：「嘿，你現在在公家單位，不怕你的電話被竊聽，說你煽動不滿情緒把你抓去？別忘了我們的內安法，政府可以在不必進行審判的情況下把你關起來哦。」我們小時候常聽大人說隔牆有耳，而且國家還有一個內部安全局，你永遠不知道誰在監視你。

K聽了，靜默三秒，接著說：「不可能啦，我算老幾？人微言輕怎麼可能會被盯上，連我也監聽的話，政府豈不是很忙？別忘了有四〇%的選民沒投他們一票呢。李顯龍不是說要廣開言論，還說李光耀的風格不合時宜嗎？況且我只是發牢騷，也沒有說什麼顛覆政權的話，發發牢騷總可以吧。」K好像是說給假想中的竊聽者聽似的，希望如果真有人偷聽，可以網開一面。

說完，K就以自己正忙為由掛了電話，我也樂得耳根清靜。

K或許沒有察覺到，自從她重新投入中產階級的懷抱後，她正慢慢演變成一個自己曾鄙視的「聰明」又「怕死」的新加坡人了。

3. 地鐵故障

星期六下午，我們約在市中心一家高級酒店見面，準備享用豐盛的下午茶。除了做生意的傑森不能出席外，上回在咖啡店聚餐的朋友包括我、K、小雪、主角文文，還有一個小男生都約好三點在餐館見面。

我比約定的時間早到了許多，於是先獨自坐在預訂的座位上等著，怎知接二連三收到朋友們的簡訊，表示會遲到一段時間。

原來地鐵又發生故障了。

地鐵和巴士等公共交通服務及其擁擠程度，是導致民怨沸騰的主要問題之一，而且近年來由於失修，地鐵接二連三發生大故障，影響人們出行，大家都怨聲載道。

在平時上下班尖峰時間，地鐵車廂裡擁擠不堪，就像是英文短語「packed like sardines」形容的那樣，活像罐頭裡的沙丁魚。地鐵站內常廣播：「請到最前或最後的月台候車，那裡將有較多的空間。」那可能是世界上最大的謊言，因為無論最前或最後方都站滿了人，根本沒有較多的空間。即使到了週末非尖峰時段，地鐵列車也同樣載著滿滿的人，那是因為候車時間加長，以便讓車廂擠下更多人。在擁擠的人潮中穿梭，大家你推我擠，讓人感到疲憊，所以在週末我就會像自閉兒那樣，總是選擇「宅」在家裡，足不出戶。

我們的地鐵系統在一九八〇年代末開始通車，讓我們的交通更加便利。而為了讓交通業務更有效率，政府後來將地鐵公司私營化。當公交私營化，顧客車程的舒適度就不再是業者最重要的考量，而是要確保車廂裡人越多越好，以賺取更多盈利，好向股東們交代。甚至系統的維修費用也維持在最低水準，即使在人口暴漲、搭客量激增之後，其設施也沒有相應提升，導致地鐵系統不勝負荷，狀況頻出。

其實，整個新加坡以金錢掛帥，以經濟效益來衡量，不也像一個私營化機構嗎？就像地鐵公司那樣，為了盈利，為了發展，擠下越多人越好，人們的接受度不是重要的考慮因素。

曾經還有學者提出新加坡能容納八百萬人口呢。如果成真，我們的街頭不就變得更加擁擠嗎？到時的生活會如何，真是不敢想像。

4. 好男要當兵

差不多過了一個小時，K和小雪氣喘吁吁地來到餐館。不久後文文也趕來了。

K一坐下就開始她的招牌話題：「什麼爛地鐵系統，總裁和交通部長不都是精英嗎？怎麼解決不了我們的交通問題？」

文文則不同意：「你去過倫敦嗎？那邊的地鐵也經常因為員工罷工而無法操作，人們都習以為常。我們新加坡人一發生故障就怨天怨地，真的都被寵壞了。」

文文沒有提到的差別是，倫敦地鐵停駛是員工選擇的結果，而我們的地鐵問題則是地鐵公司做出各種商業選擇後所帶來的後果。事實已經說明，公共設施私營化未必就是提高效率的仙丹靈藥。

「總裁和部長領那麼高的薪水，卻沒有把工作做好，他們必須為故障負責。」K似乎準備劍拔弩張。

「嗨！對不起啊！我遲到了！地鐵故障，我改搭計程車，怎知路上堵得更厲害。」一個充滿朝氣的男生向我們迎面走來，我們還沒來得及反應，他就一屁股坐了下來。

「你是邁克？」小雪驚呼道。

我們也有些驚訝地看著眼前蓄著短髮、皮膚黑黝黝、臉上長滿痘子的男生。

邁克是個二十五、六歲，很有藝術氣質的年輕人。我們在逛藝術跳蚤市場時來到他的攤位，發現他的手工藝術品很奇特，於是跟他買了幾件。就這樣，大家開始閒聊起來，聊著聊著也熟絡了，偶爾會約他出來，跟我們這幾個大姐們聚餐或出席活動。

「不要懷疑，我就是邁克啦。看來你們都是以頭髮認人，我可以成功易容了。」

邁克原本頭髮長到腰間，皮膚光滑白皙，比我們在座的大姐們都還愛時尚愛漂亮，更會照顧皮膚，所以看他現在這一臉邋遢樣，有些難以置信。

「喂，你向來惜髮如金，現在頭髮為誰剪啊？」K好奇地問。

邁克這頭長髮是在二十一歲當完兵後，到英國念書時開始留的，幾年的設計學院生活結束後，頭髮已經長到了腰間。學校畢業後不久，他回國在一家設計公司找到了工作。他的長髮也成了他的註冊商標，也讓他顯得更富藝術家氣質。

男生蓄長髮的話題，讓我想到發生在一九八四年的一則新聞。那年，日本音樂家喜多郎準備到新加坡開演奏會，怎知一抵達新加坡，海關卻因為他不願意把長髮紮起來，而不准許他入境。

現在政府已經廢除不准男性留長髮的規定，而喜多郎在二〇〇四年也重新踏上新加坡的土地，成功地在這裡舉辦一場音樂會。

不過，因為新加坡男性公民不時須回軍營受訓，所以在新加坡街頭上，還是很難看到四十歲以下蓄長髮的男生。男生們的髮型都是工工整整的，跟街邊修剪整齊的花木草叢一樣。

「幾個月前收到國防部的信，要我回營受訓幾個星期，還規定要把長髮剪了。」邁克嘆了口氣無奈地說道。

大家聽了憐惜地看著邁克。

按照國家條例，凡是新加坡的男性公民，年滿十八歲者均須完成兩年的國民服役。服完兵役後，四十歲以前每年都有一段時間必須回營受訓。

「你在軍營裡內分泌失調啊？」小雪指著邁克的臉頰開玩笑地說。

「我那幾個星期幾乎天天從早到晚在大太陽底下挖坑，不要說洗臉護膚，簡直連睡眠時間都不夠了，手上都長了繭，你說臉上能不長痘痘嗎？」

說著，他把手掌伸出來給大家看。他的手指修長細緻，手掌卻長了粗粗硬硬的繭。

「你還會再把頭髮留長嗎？」有人問。

「我想啊，不過如果繼續待在新加坡就不可能，因為你不知道國防部什麼時候發一封信來，叫你把頭髮剪了回去受訓……」

「有男子氣概一點吧，你應該不會希望你的印尼女傭幫你挖坑吧。你身負保家衛國的重任，應該感到自豪。」即將出國的文文笑著說。

文文指的是先前在網上流傳的一張照片：一名穿著軍服的阿兵哥走在前面低著頭玩手機，矮小的女傭背著軍人的背包跟在後頭。照片傳開後，大家都嘲笑該名軍人，也擔心他日後如果真的要上戰場，可能還得把家裡的女傭帶上服侍自己。

文文經常認為現在的新加坡男生過於嬌生慣養，根本吃不起苦，所以覺得軍營生活是訓練他們的好時機。

「我家裡沒有女傭，家務都是我們自己做的。苦我吃得起，也會奮力保家，但要我衛國嘛，那就算了。」邁克淡淡地說。

記得我在念完高中後，班上男生都準備入伍當兵，雖然他們有怨言，但也不太強烈，並且都會以穿上軍服為豪。當我們見面時，他們常常跟我們細說軍營裡的生活，有時還會拿鬼故事嚇嚇我們。

如今，外來人口的增加淡化了新加坡人的國家意識，常有人覺得自己不被國家公平對待。我也發現，尤其是九〇年代出生的新加坡男孩，對於國民服役特別反感。這些男生經常動不動就以「我們為國家犧牲了兩年的青春，卻沒被國家照顧」為由，與務實的政府計較，並希望從中爭取更多利益。

一個事事精打細算的政府，所培養出來的人民也同樣懂得事事精打細算。

「你就為了你的頭髮而不愛國啊？當兵是你作為男性公民的義務和權利，當了兵你才是真正的男人，你應該珍惜國家所給你的鍛鍊機會。」

大家噗嗤一笑，覺得文文陳腔濫調，迂腐得像是政府發言人。

「你要的話，我把這分殊榮讓給你，還有其他外國人吧！」邁克笑著回應，低著頭吃著盤裡的義大利麵。

「是啊，有很多外國學生在這裡也不必當兵，你會說他們都不是男人嗎？」一說到外來人口政策，一直在一旁看熱鬧看得起勁的K馬上湊上一腳，幫著邁克說話。

「對啊，那些跟我一起念高中的外國同學，畢業後就直接進入大學，根本不需要浪費時間當兵，也不必經常回營受訓，但新加坡一旦發生什麼災難，卻得由我們來承擔。」

「你這麼多不滿，要麼，你就改變整個制度，不然你去變性吧，這樣就不必回營受訓了。」文文不客氣地說道。

「要我們人民去改變制度？可能嗎？那不是以卵擊石嗎？我才懶得理呢。」邁克冷笑了一下，並沒有搭理文文關於變性的提議，然後繼續說：「我已經申請到紐約念碩士，明年就走。可能的話，絕對不想回來這個令人感到窒息的地方。這裡的一切與我無關。」邁克有些賭氣地說。

邁克很年輕，有著敏銳的觸覺和滿腔的熱情，可是他卻不斷地在抑制心中的情緒，試圖把自己變成一個冷漠的新加坡人。他認為既然改變不了現狀，又不願意向社會妥協，漠不關心就成了自我保護的最佳方式。

「不會是因為你沒辦法留長頭髮而離開吧？」小雪好奇地問。

「你說我們的社會真的開放了，還是又收緊了？其實無論怎麼改變，我們只不過在按照政府的規則玩他們的遊戲。我想要有更自由的空間，不想受任何人的對錯道德標準局限，尤其在創作上，我不想自己做出來的作品都只是小鹿在青草地上跑的那種無關痛癢的題材。」邁克的語速越來越急，激動的情緒把裝出來的冷漠一掃而空。

「唉，新加坡又要人才外流了。」小雪遺憾地說道。

「放心吧，新加坡政府會一直引進外來人才的，他們最近不是公布了《人口白皮書》，要把人口增加到六百九十萬？」K補上一句提醒大家。

「看來新加坡只適合有錢人居住，普通新加坡人以後的生活越來越困難了，我們還是像邁克一樣，都移民不要回來了吧。」小雪有些不安地說道，前途看來黯淡無光。

「不是。新加坡只適合精英，還有那些乖乖聽話、一切按章行事的人生活。你看像文文這樣的人才，就可以在這裡生活得好好的，而且還會被重用。像邁克這種反叛性強又有主見的藝術家，他們是不會喜歡的，所以走了也不是損失。的確，為了自己的前途，我們還是移民吧！」K又借機挖苦文文。

我猜想文文一定很後悔赴一個有K出席的約會。

文文不小心「嘖」了一聲，臉上瞬間閃過一縷不耐煩的神情，但很快地又以僵硬的笑容取代。

「你老叫人家移民，怎麼還待在這裡？你老批評政府，為什麼還去當公務員幫政府做事？」文文笑著以和緩的語氣反問。她很清楚這兩點最能刺痛K的心。

「我……誰說……誰說公務員是幫政府做事？……公務員其實是在為人民服務……而且移民，你放心，我有一天一定會離開新加坡的……」K支支吾吾，說話的語氣很虛。

文文輕輕點著頭，微笑著，帶有一絲輕蔑的眼神直視著K，但看來目的已達到，也不再逼問。顯然的，她已把K的回答當成汙穢的垃圾那般，丟進馬桶裡讓水給沖走了。

其實，大家也都知道K之前曾想過要到澳洲生活，但一直找不到工作機會。她後來找了移民顧問幫忙，顧問卻告訴她，由於想移民澳洲的人太多，所以澳洲政府不斷在收緊條例。

「真××的，怎麼整個亞洲好像都想移民到那裡去？害老娘去不了！」她從顧問那裡回來之後，氣呼呼地告訴我們。

最後K因為移民澳洲的申請手續非常繁瑣，輪候時間太長，而且花費很高，所以打消了念頭。

我們建議她試試其他地方，可是她嫌加拿大太遠、怕天氣太冷，覺得紐西蘭太悶，又擔心那裡有地震，所以到最後，只聽她一天到晚嚷著要離開，卻繼續身處在這個她形容為「食之無味，棄之可惜」的地方。

19 全國對話

1. 廣開言論

二○一一年大選過後，新加坡政府展開大規模的「我們的新加坡全國對話會」，邀請所有新加坡人出席由不同政府部門主辦的對話會，針對教育、房屋政策、人力資源、人口問題等方面提供建議、發表意見。

政府指出，舉辦一系列對話會的原因，是為了創造全民參與的氛圍，創造一個包容性的新加坡。

人民普遍認為執政精英高高在上，非常傲慢，年薪百萬元的部長們與民眾脫節，不了解民情，更無法得知一般老百姓的疾苦。為了顯示改變的誠意，政府於是展開對話，以了解民情、聽取意見，讓大家建言獻策，力陳時弊。

對話會如火如荼展開的當下，外來人口政策依然是熱點話題，但李顯龍總理過後還是宣布了《人口白皮書》，預計人口將在二○三○年增加至六百九十萬。這份《白皮書》出爐後，大家的反應可不得了，更認為政府進行那麼多場對話會，只不過是在舉辦一場大型舞台秀罷了。

「你看，政府是不是又講一套做一套？他們的話能信嗎？」這是許多朋友們聽到《白皮書》公布後的第一個反應。

六百九十萬成了一個讓許多人聽了感到毛骨悚然的數字。

人口問題是二〇一一年大選，還有後來兩次補選中備受爭議的課題之一，大家都不滿人口大量增加。

記得在我們成長的童年時代裡，新加坡人口只有三百萬。那時政府已經認為我們的人口太多了，因此要控制人口，否則經濟發展將受到拖累。

在我生長的年代裡，要是有人超生，而且是受教育程度不高的家長多生了幾個孩子，可是要被重罰的。

許多年以後，我們的人口出現負增長，政府於是對當初的人口政策做出一百八十度的調整。從二〇〇〇年開始，政府就不斷引入外來人口，而且不少人已經注意到這個移民門檻不高。

在私立學校上班的小雪就告訴我們，她學校的越南學生才到新加坡上了兩年的大學課程，還未畢業就收到政府的信函，邀請他們申請成為永久居民。小雪向我們抱怨，那些學生如果成為永久居民，他們交付的學費就與本地學生一樣，這就導致學校的收入減少，而他們畢業後也能順利留在新加坡找工作，直接與其他白領階級新加坡人競爭。

小雪過去很少抱怨政府，但這件事卻讓她非常氣憤。她過去不是優秀學生，被主流教育所淘汰，中學畢業後無法升上高中，於是申請到專科學校念書。後來她半工半讀，完成了高級文憑課程，再轉到私立學校苦讀了好幾年才完成大學教育，所以她常自嘲是政府眼中的「非精英中的非精英」。

小雪說：「在過去念書的時候，我覺得自己被整個制度當成草一樣，而那幾個到新加坡私校念書的外國學生高中成績都不理想，政府卻把他們當寶，你說我心裡什麼感受？」

不滿政府寬鬆移民政策的情緒相當普遍，於是有人發起在芳林公園演說者角落舉行示威集會，抗議政府增加人口的計畫。

邁克約了大家一起出席這場集會，我們還信心滿滿地以為K會馬上答應，怎知她遲疑了。恐怕是擔心被上司發現自己去參加「反政府活動」而卻步吧。

她見我和邁克輕蔑的眼神，馬上補上一句：「我在精神上支持你們！這類活動不一定要去參加的。到了二〇一六年，不要投PAP就是了。」

示威集會舉行之前，下午下了一場大雨，空氣格外清新。沒想到集會還未開始，草地已擠滿人群。大家撐著傘，踩著泥濘，準備向政府表示自己對政策的不滿。出席者當中一定也有不少好奇湊熱鬧的群眾。我們也發現警方在不同的角落站崗，有些是戴著耳機的便衣員警，不斷游目張望。

那是新加坡式的示威，沒有憤怒的人群擲鞋丟蛋，大家都守著秩序，像觀賞競選大會那樣乖乖站在草地上聆聽台上講者的演講內容，時不時報以熱烈的掌聲。

「我們不是針對外國人，我們不是排外，但我們不高興政府沒有經過我們的同意，沒有經過全民辯論就通過這份白皮書！這是什麼民主？」有講者憤怒地說道。

「我們現在的問題都還沒有解決，房價持續上漲，大家工資卻不漲，地鐵經常擁擠不堪，還經常發生故障，這是PAP過去所承諾給我們的高素質生活嗎？他們增加人口只為了自己的口袋！」講者越說越激動。

「叫他們自己去搭地鐵！叫他們自己吃×去吧！」有人在台下嘶吼，惹來一陣笑聲。

隔天，不少國際媒體都報導了這次示威集會，有些國外報紙還以頭版新聞處理，但是新加坡的媒體卻相對低調，把內容編到內頁，而且篇幅不大。

「你看，是不是說中了？……不要再相信我們的媒體了。」邁克發來的簡訊中不屑地寫道。

不過，就像一陣旋風經過一樣水過無痕，那場集會以後，大家又回到一如既往的生活，繼續過著忙碌的日子。而隨著政府繼續舉辦「全國對話會」，不斷改善措施，推出「惠民」政策，大家的情緒也漸漸平復。

政府不是已經宣布增建組屋了嗎？政府也宣布收緊外來人口，並立法要求企業機構在聘請員工時不准歧視本國人而專挑外國雇員。這些新政策一項一項推出，大家已逐漸淡忘那個曾經令人憤慨的「六百九十萬」。

2. 生活還是要繼續

文文走後，K就少了一個可以嘲諷的對象，應該覺得很無聊吧。其實我也很少再跟K聯繫了，聽說她沐浴在愛河中，忙著拍拖，經常沒空跟朋友聚餐。真是一個重色輕友的傢伙。

後來我們成功約了跟她見面，她也甜蜜地把男朋友帶出來介紹給大家。她的男朋友是個洋人，來自英國，凹眼高鼻的他長得非常英俊，很有明星氣質。讓我們跌破眼鏡的是，K正在協助他填寫表格申請永久居民，還埋怨政府最近收緊外來人口政策。

「你以前不是很反對外國人來這裡跟新加坡人搶飯碗嗎？」大家都覺得K的改變不可思議，都要相信愛情的魔力了。

「他非常優秀，而且有明確的人生目標，非常有進取心，跟很多新加坡男人不一樣。」

「會勸他申請新加坡公民嗎？」

「才不會。那麼多新加坡人想移民，幹嘛還讓他往這裡鑽？我還希望成為英國公民呢！」看來K已經找到移民西方國家、遠離新加坡的方法了。

3. 最後一顆口香糖

政府又在大興土木，到處在進行大規模工程，繼續拆著、炸著、鑽著、挖著、敲擊著……到處封路，到處塵土飛揚，高分貝的噪音、紛亂的敲打節奏，還有汙染的環境，繼續困擾著這片炎熱又擁擠的方寸土地。身在其中的螻蟻們汲汲營營，越來越焦躁不安。

這不都是為了大家好嗎？建了一個又一個的地鐵站，蓋了一座又一座的商場、興起了一棟又一棟的組屋和公寓，不都是為了滿足大家對生活的要求？

但誰說這是所有人夢想中的家園？國家保持競爭力，外商資金大量湧入，最後到底犧牲了什麼，又富了誰？

某個傍晚，李顯龍總理在進行群眾大會演講，他帶著誠懇的微笑提醒我們，如果不加把勁，附近鄰國的勤奮人民將「搶了你的午餐」。

當時邁克聽了第一個反應是：「唉，又是恐嚇。我看啊，整個新加坡也只有我們的總理可以安穩地坐在他的位置上，直到他卸任之前，沒人能搶走他的午餐吧。」

大家聽了發出會心的一笑。

邁克興奮地準備離開新加坡，迎接在美國的新生活。如果他在若干年後回來，許多地方應該又起了變化，變成一個他完全認不得的陌生地方。

雖然他急著離去，心中卻又充滿不捨，希望臨走之前，能在各個即將以發展之名而改變或消失的角落留下足跡。

那一天，濱海市區一帶正舉辦一級方程式賽事，市中心擠滿了旅客。前幾天經過那一區時，選手們都在抓緊時間練習，跑道上不斷傳來「轟轟」的飛車聲音，震耳欲聾。

這和夜空中稍縱即逝的煙火表演不同，賽車是一小撮有錢人的愛好，賽車手的技術只能讓有興趣且負擔得起門票的人觀賞，但所製造出來的噪音，卻開放給所有在場館外買不起門票的人消化。

我們也很厭倦千篇一律的商場，從這些嶄新的建築中看不到歷史的積澱。於是我們選擇到大自然的環境放鬆一下。

我們開著邁克爸爸的車子到東部的樟宜碼頭，準備乘船到新加坡東部島嶼烏敏島遠足。來到碼頭，我們登上了小船。船上除了我、邁克和小雪，還有其他五、六位乘客。

開船了，小船開始航行時有點顛簸，但不一會兒進入了航向，船身就穩定了下來，左右兩側泛起微波。清涼的海風迎面徐徐吹來，海水在和煦的陽光照射下波光粼粼，對岸一座一座整齊排列的組屋離我們越來越遠，讓人有一種遠離塵囂、抽離現實的快樂。

我們在船上閒著無聊，談論起新加坡的不同島嶼。原來除了聖淘沙，新加坡還有六十二座外島，其中一些作為軍事訓練區和商業用途。

小時候看過電視劇《島的兒子》，劇情講述新加坡德光島上居民的生活故事。那是新加坡的第二大島，後來因為政府要徵用土地作為軍事用途，島上的居民都紛紛搬離。

小雪告訴我們，在她搬進組屋之前，她和家人是住在離聖淘沙島更遠的小島。那座島名叫「錫京島」，而她的童年就是在海灘上度過的。

我認識她那麼久，這還是她第一次提起她人生頭幾年的生活環境，這才想到原來在小學認識彼此以前，我們是在不同的地方過著不一樣的生活——她在小島上，我則住在木屋區裡。到了一九八〇年代，他們全家才遷往新加坡本島，開始過著跟大家一樣的組屋生活。

「那座小島沒人住了吧？」邁克好奇地問。

「現在變成垃圾島了，所有新加坡人製造的垃圾都堆到島上來了。」對於曾經熟悉的美麗小島變成垃圾集中地，小雪露出一臉的無奈。

曾經看過一份資料，新加坡人平均每人每年製造一千三百多公斤的垃圾，那是十三個一百公斤的胖子加起來的重量。現在新加坡共有五百五十萬人口，每個人一年製造十三個胖子，加總起來，所有人一年就製造了七千一百五十萬個胖子！試想，如果我們的彈丸之地多了這麼多人，是何等擁擠不堪。

搞不好以後所有的外島都填滿垃圾，填滿了以後還必須再找出新的空間，以便容下經濟發展和不斷膨脹的物欲所製造出來的更多廢物。我浮想聯翩，忽然意識到自己也「貢獻」了不少垃圾，心裡不禁打了個寒顫。

差不多十五分鐘過去了，小船已經慢慢靠岸。一上岸，迎接我們的是幾間腳車（自行車）出租店。成排的腳車整齊地排列著，非常壯觀，但是一眼望去，不難發現島上的腳車比遊客還多。

島嶼西部有一所外展學校，成批被灼熱的陽光晒得黝黑的年輕學子，背著沉重的背包在島上探險。其他遊客則騎著車，直奔一個叫「仄爪哇」的濕地，要欣賞受保護的大自然。

走著走著，小雪哼起〈鄉間的小路〉這首久遠的台灣校園民歌。雖然一路上只見到幾隻野狗、松鼠和猴子，沒有老牛，但在這座保留著新加坡古老面貌的小島上吟唱這首純樸老歌，心情格外舒暢。

上一次到島上遊玩差不多是十五年前的事了。記得那時有報導說，政府制定了發展島嶼的宏圖大計，還下令島民搬離，不過當時島上稀稀落落的好幾戶人家拒遷。十多年過去，這次看到的房子比以前更少了。幾間華人的木屋孤零零地佇立一旁，路上也能看到一兩間在馬來西亞甘榜才能看到的傳統高腳屋。這些馬來木屋漆上鮮豔的色彩，給人快樂而悠閒的感覺，反映出馬來民族對生命所持的樂觀態度。

再往前走，我們見到幾名馬來婦女舉著一根細長的竹竿，伸向幾棵大樹，用力搖晃打下樹上的果實，帶著果實的樹枝紛紛掉下。一名婦女見我們在一旁站立許久，給了我們幾顆像乒乓球般大小、外皮金黃褐色的水果。那不就是熱帶水果杜古果（Duku）嗎？我剝開一看，只見果肉晶瑩剔透，嘗一口，味道酸酸甜甜的，很好吃。

婦女微笑著，再給了我們一串果實，然後轉身愉快地與同伴離去。一路上，我們看到不同的果樹熱烈地結滿各種水果，但那些等著採摘的椰子、紅毛丹最終還是掉了一地，寂寞地腐爛了。

依稀可聽到遠處傳來的幾聲雞啼。幾年前禽流感在其他國家肆虐期間，政府頒布命令，禁止烏敏島島民飼養家禽。當時的報導這麼寫道，農糧局「這麼做並不表示烏敏島上的雞、鴨、鵝有問題，禽流感也仍未入侵新加坡，這純粹是以防萬一。」報導還說，如果農戶不願出售，當局將把這些家禽全數充公、宰殺。

一道指令下，島上的山芭雞也消失了。當時一位外國朋友看了這則新聞，不由得問：「怎麼你們寧願相信進口的肉類，也不相信自己飼養的雞？」政府處理事情的手法往往果斷、高效率。然而一刀揮斬，生命從此絕跡。島民連謀生的出路也斷絕了，想必很無奈。我們對於牲畜的處理是如此，對於文化命脈的處理不也向來如此？

此時我想起了香港。香港有很多外島，它們都各有特色。其中最靠近市區的是南丫島，從港島碼頭乘船過去僅需半小時。那是香港影星周潤發的家鄉，住在島上的朋友帶我四處遊玩時，還向我指出周潤發住過的房子。

除了生意不錯的房屋仲介公司，島上還有學校、超市、診所、警局、議員辦公室，甚至圖書館！平日下班時間，從港島碼頭開出的渡輪一艘接一艘準時靠岸，把一批又一批的乘客安全載回島嶼享受寧靜的生活。這些上班族有島上的原住民，也有不少是香港居民和其他在香港定居的外國人。

除了南丫島，大嶼山的大澳漁村以及平洲和長洲等離島，都保留濃濃的鄉土特色，十分純樸可愛。說到長洲，那是亞洲金融風暴期間一些落魄的香港人選擇自殺的地方。雖然船程約需一小時，但那裡週末人山人海，與想像中的陰森恐怖完全不同。

每年五月，島上還會舉行民俗傳統儀式，如刺激的搶包山比賽，每年都吸引無數遊客前去觀賞。我這才發現，一個地方的特色與魅力應該是自身獨有，並自然散發出來的，根本無須太刻意雕琢。只有當人民對所居住的地方建立了深厚的感情，才能對自身的文化充滿自豪與尊重。

有時候我覺得，我們一直在努力成為世界級城市，吸引外國富豪前來消費，但在這麼做的過程中，我們卻把自己很多原有的特色抹去。看著曾經熟悉的景觀被一棟棟設計美觀的高樓大廈取代，我有時懷疑，我們最後剩下的會不會只是一個璀璨的空殼？

邁克從背包裡掏出了一包口香糖，倒出幾顆在手掌上問我們要不要。我們看了看包裝，上面寫的都是韓文。那包糖果是他前陣子到韓國旅遊時順道買回來的。

新加坡政府在一九九二年禁售口香糖，理由是人們喜歡隨處亂吐口香糖，甚至還有些缺乏公德心的傢伙把嚼完的渣黏在地鐵車門上，害得地鐵公司必須花費大筆費用來清理。雖然這類破壞行為並不常見，但是要逮捕這些反社會分子也不容易，為了一勞永逸解決問題，政府於是下令境內全面禁售口香糖。

我原本也不太愛吃口香糖，聽說咀嚼多了腮幫子會變得很大，而且放進口裡，把味道都嚼盡，最後留下一團橡皮，還得把它吐出來很麻煩。

小時候曾不小心把口香糖吞進喉嚨，害怕了幾天，擔心糖會黏在喉嚨裡影響呼吸，所以發誓不再吃了。但每次在電視上看到網球員打球時嘴裡都咬著東西，那種神情感覺很酷，也就有樣學樣地拿幾顆出來咬。

還有一種泡泡口香糖更好玩，有時還會跟朋友比賽吹泡泡，看誰的技巧最好。我們使勁地吹，看著眼前半透明的泡泡漸漸膨脹，形成一個飽滿的圓球，我的心跳「嗶嗶啵啵」也在加速。結果「啪」的一聲，泡泡爆了，黏到了整個鼻尖。

是的，我本來就不怎麼愛吃口香糖，但是當禁售口香糖的命令一下，我卻又覺得身邊最普通的零食很快就會消失，就像當年，熟悉的粵語港劇突然消失了一樣，我心裡感到一陣難過。

在口香糖禁售令生效以前，我趕緊在完全找不到一顆口香糖的那一天到來之前，到商店裡買了好幾包存放起來。那時候也不清楚到底擁有口香糖是否犯法，經常偷偷在沒有員警的地方跟朋友一起分享，如果有員警走過，就馬上停止咀嚼的動作。這麼做很有一種叛逆的快感。

我從邁克手上接過糖果包，想要再抽出一顆口香糖來嚼，卻發現裡頭只剩最後一顆了，竟有點捨不得吃。

小雪看我猶豫，笑著說：「吃啦，不必怕缺貨。我下個禮拜跟瑪麗去馬來西亞玩，順便幫你帶幾包回來。」

真是有趣，很多東西我們本來擁有的，到後來都必須踏出國門才找得到。當它們快消失了，我們才把它們當成寶一樣對待。

或許，五十年後的新加坡已經可以買得到口香糖了，不過到時如果我們幾個還活著的話，可能都已牙齒不全，嚼著嚼著，說不定會發現嘴裡的口香糖黏著一顆爛牙呢。

邁克嘆了一口氣說：「我有一名前輩曾經勸我不要管太多，因為這個地方你越關心，只會讓你更傷心。」邁克似乎已將這句話當成座右銘，而決定讓自己的心繼續冷漠下去。

我把最後一顆口香糖放進嘴裡，慢慢咀嚼，也細細品味這句悲觀的話。

到底，冷漠是不是一個快樂的狀態？

當所有人都冷漠，對社會現象、對政策、對環境不聞不問，執政者是不是會覺得很幸福呢？

這時，溫熱的海風徐徐吹來……這一刻讓腦袋放空，什麼都不想，也算是一件非常幸福的事吧。

20 期待另一個李光耀？

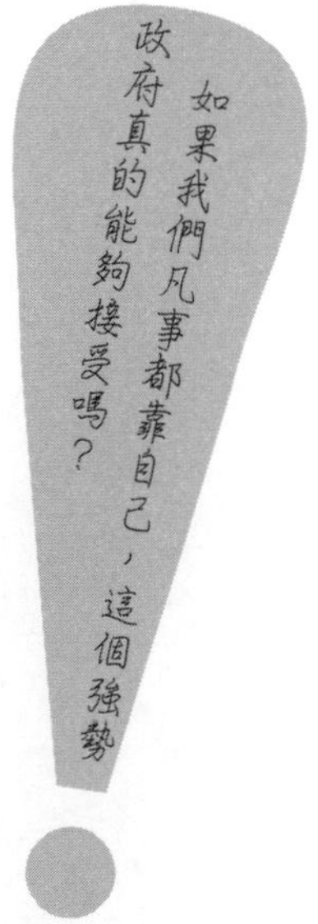
如果我們凡事都靠自己，這個強勢政府真的能夠接受嗎？

獨立至今，新加坡在經濟上取得的成就是有目共睹的。現在一般新加坡人已脫離貧困，過著安定舒適的生活。但是在取得高增長的目標後，國家的發展並沒有像社會心理學家馬斯洛提出的需求層次理論那樣邁向更高的發展層次，仍然無止盡地追求下一個增長目標。

近十年來經濟增長造成的生活成本高漲、人口激增，我們的生活品質正在下降，我們沒感覺到經濟增長給社會帶來多大的好處。更重要的是，在不斷追求發展的步伐中，新加坡人累了。

我們一路走來，從一九六五年走到今天，新加坡也快要五十歲了。人們常說：「沒有李光耀，就沒有新加坡。」我想，這句話只說對了一半。沒有了李光耀，新加坡依然會以其他方式存在。

一、敏感話題

對於獨立前的政治鬥爭，如果不去探究，大家所知甚少。我們在學校裡談得不多，若有提及，也像是在介紹「人民行動黨的歷史」。這令人不解。時過境遷，為何過去的政治鬥爭依然是一個敏感的話題？

但這也不足為奇，因為在新加坡幾乎每個話題都具有敏感性，而「敏感」一詞，也成為我們懶得深入思考的藉口。

其實，從今天的角度來看過去的鬥爭，未必有多少人會認同當時其他對立的政治主張。歷史和時代的選擇有其必然性，無論過去的政治鬥爭如何激烈，都會有勝利和失敗的一方。歷史最終選擇了李光耀，時代也授權了李光耀和他領導的團隊，這是無法改變的客觀事實。

當大家回顧過去，雖然會得出不同的評價與結論，但政府應該有足夠的自信和胸懷相信自己和人民的智慧。

可是，無論是出於何種原因，採取迴避歷史的方式，讓大家噤聲不言，只會為社會創造一個表面和諧的假象，無益於大家了解更深層的問題，也不利於人民對國家歸屬感的建立。

二、誰來買單？

對於新加坡未來的方向，總理李顯龍是憂心的，他還曾表示期待新加坡另一個李光耀的出現。

我無法肯定李總理所指的「李光耀」其內涵意味著什麼。當今的世界瞬息萬變，這個社會複雜多元，沒人能洞察未來；而在民主制度下，誰會是接下來的總理，到底又應該由誰來決定？

如果我們還繼續一味地期待另一個強人的出現，而不是把重點放在改變和完善可持續發展的制度上，並接受一黨獨大的局面可能有結束的一天，我們將陷入「其人存，則其政舉；其人亡，則其政息」的黯淡境地。

一些評論對「新加坡模式」讚賞有加，甚至不斷研究如何將之移植，而我們對於此番關注也常津津樂道。但此模式用於現今，恐怕就像希望使用原始型電腦處理更複雜的程式一樣，必定會出現當機的情況。

更須認清的一點是，這個模式是一個特定時代的產物，在執行中需要整個社會環境和一整代人的配合，相信這點已經很難被輕易複製。

過去的模式為新加坡打下了良好的根基與鋪墊，這一點不容置疑。但徹底地將模式改變，而不是在舊思維上進行調整，並不意味著否定過去的努力，而是一個國家為了發展與生存所應該採取的必要措施。

二〇一一年大選之後，總理李顯龍顯然也深知時代已變，呼籲部長官員們注意作風，必須更加親民。我們的確看到，一些部長和議員在努力實現這一點，而政府也相繼推出「惠民」政策。

相信執政黨一方面可能是意識到，如果想要在來屆大選中繼續保持優勢，現在就有必要做出改變，順應人民的一些要求。

然而這其實很令政府擔憂。總理和部長甚至不少「親政府」的輿論都認為新加坡正走向福利社會，並拿來與西方的福利社會破產的情況相提並論，擔心我們過去積累的財富在不久的將來會被人民掏空。

這讓我感覺有如一個並不熱衷慈善的富商因為輿論壓力而行善。心不甘情不願地掏出一把錢後，內心卻在埋怨那些窮人給自己造成了負擔，又擔心自己的棺材本被他們給糟蹋光。

如果在位者和有識之士都將福利社會的概念等同於政府對人民的施捨，這只反映我們社會裡那些富裕的「擁有者」（haves）對貧窮的「缺失者」（have-nots）所持的冷漠心態。

首先必須要弄清楚的是，現在出現的嚴重貧富懸殊現象，完全是因為人民不思進取，還是早前政策所導致的結果？

要知道，過去人們對政策的制定並沒有多大的影響力，儘管有人曾對一些政策的不妥之處提出異議，但精英官員們的決定均為最終決定，沒有留下太多商榷的餘地。然而，房屋政策也好，或者交通、醫療、人口政策也好，又或者開賭場的決定也罷，這些政策一旦出現偏差，最先受到衝擊的到底是誰？而最終又是誰必須承受後果，為這些偏差買單？

所以現在不是成為福利社會與否的問題，而是糾正過去政策偏差、確保社會甚至政權穩定所必須採取的手段。當然啦，政府愛民心切，這一點也是毋庸置疑的。

的確，我們應該為政府加重對弱勢群體和「建國一代」年長者的關注、關懷以及表達感恩給予熱烈掌聲。然而，我們社會對這些群體，尤其是對那些為國家建設貢獻一生的老一輩忽略了多長時間？

我們如果認為他們只會伸手向國家要錢，那你去看看在街上一個個彎著腰、駝著背撿紙皮、撿破爛的拾荒老人。

記得有一回，我在街邊看到一個擺著小攤子售賣傳統小糕點的老奶奶。我並不喜歡吃甜食糕點，但希望能給她提供一點幫助，於是掏出幾塊錢要她收下。她看著我手裡的鈔票，枯癟的手一揮，情緒激動地以福建話喊著：「你不吃，我也不要你的錢！」

你說這些老人會稀罕大家的同情，會卑微地等著向政府伸手要錢嗎？

為什麼到了七、八十歲，這些老人還在為生活奔波勞累？那是因為他們年輕的時候都是好吃懶做的紈絝子弟，現在正自食其果？還是即使他們努力了，卻因為連一句英文也不會說而無法趕上社會的腳步？還是因為他們再怎麼努力，也沒有辦法與大量年輕又廉價的外來勞工競爭？

現在政府對這一輩表達了感激，雖是遲來的關懷，但卻是溫情社會的開端。如果我們認為這是可怕的福利社會的開始，我會覺得說這種話的人被無知與無情蒙蔽了眼睛。

那麼，現在政府推出的各種措施政策真的「惠民」了嗎？

後來制定的某些新政策，看起來更像是矯枉過正。政府一下子大幅收緊外勞，讓許多中小型企業受到極大衝擊；建屋局推出新條例，限制外國人租賃整間組屋的配額，影響到人們的租房收入等等。

又如，為了解決地鐵擁擠的問題，交通部宣布讓乘客在早上免費搭乘地鐵。這些改變讓我們看到政府所做的努力，但是總覺得某些新措施無論怎麼樣都很不到位。

不只是新加坡人不滿，各種「惠（新加坡）民」政策也變得像是取跟捨之間的零和遊戲，就如把B原本該得的糖果給了A之後，又把糖果從A手中取回還給了B那樣。

我接觸不少在新加坡定居的外國朋友，他們對政府的新舉措感到非常不滿，覺得自己的權益被剝奪了。

記得有一位永久居民就這麼告訴我：「如果一開始就執行這種嚴格的措施，我可以接受；但是一開始是寬鬆的，後來又收緊，不斷地推出新政策來限制和排擠我們，這讓我們覺得很不舒服。」

看來，政府已經讓自己陷入「裡外不是人」的尷尬處境了。

三、請你自立一些，好嗎？

在推出「惠民」政策的同時，李總理也表明政府不能再像過去一樣包攬所有大小事。他希望人民改變心態，呼籲大家不要凡事都靠政府。

但我的疑問是，如果我們凡事都靠自己，這個強勢的政府真的能夠接受嗎？在我們擺脫對政府的依賴的當下，政府是否也能夠擺脫那種無所不在的形象？

其他的不說，就說基層組織好了。從我們組屋社區的公民諮詢委員會，到管理整個組屋區的市鎮理事會，再到全國性的人民協會，是否都能脫離官方色彩，完全由中立的機構來經營？

就像先前在本書第二部分「罩著我們的那把傘」一篇裡所提到的，新加坡政府和人民之間有著微妙的愛恨關係。政府希望人民自立，卻什麼都要管，人民希望政府不要管太多，可是一遇到小問題，就像小孩那樣第一時間就往媽媽懷裡鑽，什麼都向政府投訴，希望政府幫忙打抱不平。

舉個例子，曾經有一名線民，以名校出身的富婆身分，不斷在臉書上發表充滿爭議性的言論，一會兒批評受教育不高者愚笨，所以沒錢買不起車，一會兒又取笑其他種族不夠聰明。其實一看「她」的遣詞用句，馬上就可識破這位線民的英文屬於中下水準，根本不像「她」所聲稱的那樣來自某所英文水準非常優秀的學校。

其他線民們雖然不滿，卻又很在意「她」的話，還花時間去譴責「她」，有些報紙甚至還曾引述過她的言論。

這也反映好一部分新加坡人缺乏自信的心態。在社會競爭激烈、貧富懸殊問題加劇的當下，新加坡人一方面很怕被別人認為自己窮、比其他人差，另一方面卻非常仇富。

後來真的有人向李顯龍總理投訴，指那位「成功女子」的言論煽動種族情緒，希望政府幫忙主持公道。雖然侮辱「窮人」買不起車的話傷了很多人的心，但以這一點來告狀，卻構不成罪狀，很難用來作為投訴的理由。

總理在臉書上竟然也回應了此事，表示已指示相關部門展開調查。我想，這是太活躍於社交媒體的一個壞處，時常必須對人們的評論和留言做出反應。

經警方查證，發現這位「富婆」其實是個在二手車行上班的二十出頭的男子，之後事情才告一段落。我在想，要是經常有人這樣搗蛋，用不同方法製造爭議，執法單位豈不是很忙？

如果我們連小事情都沒有辦法解決，凡事要勞駕總理和執法機構，那其實反映出我們社會存在著很大的問題。

但有趣的是，對於這些小訴求，政府往往能很快速地出面解決。可是對民生影響廣泛而深入的政策上，它卻又好像站在一個很遙遠的距離，總是聽不清人們的聲音。

政府常能在沒有阻力的情況下，在短時間內通過新政策或法案。表面上看起來，我們的政府很有效率，而大家也似乎很放心地把決策權完全託付給執政當局。

但實際上，這恐怕是一種政治無力感所造成的冷漠心態。

在決策的過程中，我們往往只聽到一個強大而單一的論調，反對黨的聲音極其微弱，人們也沒有真正參與的機會。所以，我們不知道以迅雷不及掩耳之勢推出的新政或條例，是否能為大部分人所贊同及接受。

大選後，執政精英按照自己的規則展開六百多場對話會聽取民意，然後做出詳細的總結報告。

隨後，一如既往，政府沒有進行更多的辯論，就以自認為最好的方式，迅速推出各種複雜的政策，讓人們去消化與適應。可以預見的是，當大家又開始無所適從，一定又會回到問題的源頭尋求幫助。

要我們改變心態，變得更自立，那是一個雙向的選擇。因為在我們改變的同時，政府同樣也應該思考如何改變自己的思維和作風，提供人們更多參與決策的空間，而不是像閉門造車般想像著人民所需，或像全能的神人一樣認為自己「什麼都知道」。

這也是執政者所必須認清的「硬道理」，否則大家就會繼續被套在一個治理模式的怪圈裡，永遠跳脫不出來。

我期待一個執政為民的政府，
但不期待另一個強人的出現。

雖然偶爾會想念過去單純的社會，
但我期待到來的，是一個充滿生命力的時代。

我不希望這一切只是
一個美麗的空中樓閣。

後記

我們這一代新加坡人的心聲

在書局或圖書館裡，當你想搜尋新加坡的中文圖書，除了看到介紹新加坡的旅遊手冊外，書架上擺放最多的，應該是李光耀自傳、其治國理念，以及不同專家學者所撰寫的新加坡經驗論文集。

從一九九〇年代末《李光耀回憶錄》出版引起轟動以來，李光耀持續執筆寫了一本又一本厚重的、內容豐富的著作。書中記載他精彩的政治生涯，也時刻告誡年輕新加坡人國家所賴以生存的硬道理。

他的著作成為想了解新加坡模式的國外學者們不可或缺的重要參考文獻。不少學者也紛紛以不同的資料和研究，對新加坡的成功之道進行評論與分析。

李光耀和其他開國元老對新加坡的付出，我們銘記在心，也心存感激。但在書局裡看到這一本本的書籍，我不禁在想，怎麼大家好像把新加坡人當作是生產線裡被塑造出來的機器？大家談論新加坡的成功，談論領導人如何治理國家，就像在談論一個騎士如何馴服那些桀驁不羈的野馬一樣，而野馬們的心情和感受從來不被重視。

因此幾年前萌生了想法，計畫寫一本完全以嬉笑怒罵為風格的文集，調侃諷刺我們的社會和政治現象。

向一些朋友說起這項計畫，他們一聽到「李光耀」這個名字，立刻聞之喪膽。無論是新加坡人或是外國朋友，他們的第一個反應是：你不怕說錯話惹麻煩嗎？勸你還是移民到國外之後再寫吧！

這應該是新加坡模式和新加坡品牌所折射出來的另一個形象和內涵，就跟美國少年麥克菲屁股上的烙印和剷除不掉的口香糖渣一樣，深深刻印在大家的印象裡＊。

我心想，只是寫一些想法，抒發在這裡生活的感受，以及對各種事物的看法和觀察，為什麼大家都這麼害怕？現在政府不是希望大家多對國家政策發表意見嗎？是我們過度誤解政府，還是政府確實如大家所認識的那樣可怕？

這幾年來，我們的確看到更多言辭尖銳的政治評論浮出檯面，但我們也不時發現有

＊一九九三年，十八歲的美國學生麥克菲，因破壞公物和噴漆塗鴉罪，被判監禁與鞭刑，成為轟動國際的新聞。

些作者因為拿捏不準而官司纏身。這些不同的例子給我們發出非常混淆的信號。

雖然這期間我斷斷續續寫了一些內容，但後來因為工作的關係，把寫作的想法擱置了。不可否認，朋友們的建議和善意的提醒多少對我起了一些影響。「害怕」，也成了我不付諸行動的藉口。

時光在空想中飛逝，轉眼幾年也在庸碌中過去了。

幾年後的某一天，我跟往常一樣，在公司裡負責選題、安排電視節目的內容。從事新聞工作總是有一種唯恐天下不亂的壞心腸。天下太平的時候，媒體人的內心就會特別惶恐。

那天，區域發生了我現在都想不起的某件大事，照理說要交差很容易，但我當時有一種強烈的感受……向倫敦的編輯彙報完畢後，我做出了一個決定：與其一直關注著國際大事，不如去做我一直想做的事吧！

就這樣，我告訴自己必須克服惰性和一些心理障礙，好好靜下心整理思緒。

在將近一年的時間裡，我在蒐集資料的過程中，以及與不同背景的新加坡人聊起我們的成長經歷時，許多已模糊的記憶又漸漸清晰。

放下嬉笑怒罵的心態，我用更個人的眼光看待我們成長的年代。回想起那段短暫又漫長的成長歲月，當中有些喜樂、有些不滿、有些感慨，各種情緒不斷起伏交錯著。這才發現，這一路走來，原來我們的命運與國家的發展緊緊相連。

書中的一些人物都是我周圍不同朋友們的綜合體，也可能有你我的身影。我不代表所有新加坡人，但在內容方面，我努力做到反映一部分我這一代新加坡人對社會和對政府的看法。

新加坡即將在二〇一五年迎來建國五十週年，這應該是一個備受矚目的日子。政府已經著手籌備各種慶祝活動，也在徵集不同的「新加坡故事」。

但是我不希望這故事只有官方的版本，而是希望看到更多的民間敘述，讓不同的聲音彙集成一個多層次、多角度的「新加坡故事」，獻給我們的過去，也送給我們的今天與未來。

二〇一四年三月一日

新加坡，原來如此！：一個成長在李光耀時代的公民眞心告白

2015年3月初版　定價：新臺幣280元

著者　李慧敏
發行人　林載爵

出版者　聯經出版事業股份有限公司
地址　台北市基隆路一段180號4樓
編輯部地址　台北市基隆路一段180號4樓
叢書編輯電話　(02)87876242轉216
台北聯經書房：台北市新生南路三段94號
電話：(02)23620308
台中分公司：台中市北區崇德路一段198號
暨門市電話：(04)22312023
台中電子信箱　e-mail：linking2@ms42.hinet.net
郵政劃撥帳戶第0100559-3號
郵撥電話：(02)23620308
印刷者　世和印製企業有限公司
總經銷　聯合發行股份有限公司
發行所：新北市新店區寶橋路235巷6弄6號2樓
電話：(02)29178022

叢書編輯　王盈婷
內文排版　陳玟稜
封面設計　薛偉成

行政院新聞局出版事業登記證局版臺業字第0130號

本書如有缺頁，破損，倒裝請寄回聯經忠孝門市更換。　ISBN　978-957-08-4547-1 (平裝)
聯經網址：www.linkingbooks.com.tw
電子信箱：linking@udngroup.com

國家圖書館出版品預行編目資料

新加坡，原來如此！：一個成長在李光耀時代的公民眞心告白/李慧敏著．初版．臺北市．聯經．2015年3月（民104年）．256面．14.8×21公分
ISBN　978-957-08-4547-1（平裝）

1.政治　2.文集　3.新加坡

574.38707　104004152